탄소는 역울해!

탄소에 숨겨진 놀라운 이야기

상상의집

모두 탄소 때문이라고?
탄소가 뭐길래

지구 온난화가 심각해지며 탄소에 대한 관심도 높아지고 있습니다.
왜 탄소를 이야기하는 것일까요?

지구가 뜨거워지고 있다

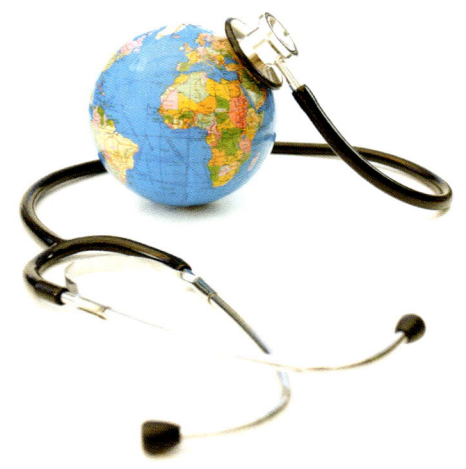

오늘날 지구 온난화로 인한 기후 변화 문제가 심각합니다. 지구의 평균 기온이 높아지면서 빙하가 녹고 바닷물의 높이가 높아지고 있지요. 예측하지 못한 기후 변화도 생겼습니다. 폭우·폭염·가뭄 같은 이상 기후 현상으로 전 세계가 골머리를 앓고 있지요. 생태계 역시 변화를 겪고 있습니다.

지구 온난화를 일으키는 골칫덩어리?

지구 온난화의 가장 큰 원인으로 이산화 탄소(CO_2), 메탄(CH_4) 등의 온실가스를 꼽습니다. 산업이 발달하며 과거에 비해 엄청난 양의 온실가스가 발생하고 있습니다. 우리는 하루 종일 전등이나 텔레비전을 켜 두는 등 에너지를 낭비하고 있지요. 이로 인해 지구 온난화가 빨라지는 것입니다.

탄소를 줄여야 한다고?

그렇다면 지구 온난화를 막기 위해서는 무엇을 해야 할까요? 무엇보다도 온실가스의 양을 줄이는 것이 매우 중요합니다. 즉 탄소 배출량을 줄여야 하는 것이지요. 지금 세계는 탄소 배출량을 줄이기 위해 노력을 거듭하고 있습니다.

차례

탄소는 억울해!

1장 탄소란 무엇일까요?

세상은 무엇으로 이루어져 있을까? · 8
탄소는 어디에서 왔을까? · 10

2장 우리 주변의 탄소

자주 만나는 탄소 물질과 화합물 · 14
가장 비싼 탄소 물질 · 16
위험한 탄소 화합물 · 18

3장 탄소 들여다보기

원자의 구조 · 22
탄소의 특징 · 26

4장 우리 몸속의 탄소

생물 속에 가득한 탄소 · 30
탄소가 몸속에서 하는 일 · 32

5장
돌고 도는 탄소

태양의 힘 · 40
탄소의 순환 · 42

6장
늘어나는 탄소, 더워지는 지구

늘어나는 탄소 · 46
지구의 온도가 높아지면? · 50

7장
탄소가 바꾸는 세상

지구 온난화와 탄소 · 54
세상을 바꿀 탄소 · 56

탄소로 여는 세상

찾아보기

탄소는 억울해!

뉴스와 신문을 들여다보면 '탄소'라는 단어가 자주 등장하는 것을 알 수 있습니다. '탄소 때문에 지구 기온이 높아지므로, 탄소 배출량을 줄이기 위해 노력해야 한다.'는 이야기를 들으면, '탄소가 나쁜 물질인가?'라는 생각이 듭니다. 마치 모든 문제가 탄소 때문에 일어나는 것 같습니다. 그런데 탄소가 이런 이야기를 들으면 억울해할지도 모릅니다.

영국의 과학자 마이클 패러데이는 탄소에 대해 이렇게 말했습니다.

> "탄소의 신기한 작용이 어느 정도인지 알면
> 여러분은 깜짝 놀랄 겁니다."

탄소의 신기한 작용이라니, 도대체 무슨 소리인지 모르겠다고요? 탄소는 지구의 탄생에서부터 생명이 살아가는 데는 물론, 여러 산업에까지 관련되어 있습니다. 과학자들은 탄소를 '미래 산업의 희망'이라고도 이야기하지요.

탄소가 무엇이기에 이렇게 여러 방면에 영향을 미친다는 것일까요? 지금부터 탄소가 무엇인지, 그리고 탄소가 세상을 어떻게 바꿀지 알아볼까요? 탄소에 대해 알아 가다 보면 여러분은 그 진짜 얼굴과 마주하고 깜짝 놀라게 될 것입니다.

탄소의 진짜 모습을 밝혀라!

1장

탄소란 무엇일까요?

세상은 무엇으로 이루어져 있을까요?
그리고 탄소라는 물질은 어디서 왔을까요?

세상은 무엇으로 이루어져 있을까?

세상에는 수없이 많은 물질이 있습니다. 이것들은 어디에서 왔을까요? 사람들은 오래전부터 세상에 있는 물질들이 무엇으로 이루어졌는지 궁금해했습니다.

세상을 이루는 작은 알갱이

장난감 블록으로 만들 수 있는 것은 매우 많습니다. 집을 만들 수도 있고, 자동차도 만들 수 있지요. 과학자들은 장난감 블록처럼 세상이 작은 조각들로 이루어져 있는 것이 아닐까 생각했습니다. 물질을 계속 쪼개면 더 이상 쪼개지지 않는 무엇이 있을 거라고 생각했지요. 원자는 더 이상 쪼개어지지 않는, 물질을 이루는 가장 작은 알갱이를 말합니다.

순물질과 혼합물

물질은 크게 순물질과 혼합물로 나눌 수 있습니다. 순물질은 한 가지 물질로 이루어진 것입니다. 혼합물은 두 종류 이상의 순물질이 본래의 성질을 잃지 않고 서로 섞여 있는 것입니다.

혼합물은 다시 균일 혼합물과 불균일 혼합물로 나눌 수 있습니다. 균일 혼합물은 여러 가지 물질이 고르게 섞여 있는 것입니다. 설탕과 물이 섞인 설탕물이나, 질소·산소·이산화 탄소 따위가 섞인 공기 등이 균일 혼합물입니다. 불균일 혼합물은 물질이 고르게 섞여 있지 않은 것을 말합니다. 주스, 우유, 흙탕물 등이 있습니다.

물
순물질

설탕물
균일 혼합물

주스
불균일 혼합물

원소와 화합물

순물질에 대해서도 자세히 알아볼까요? 물질을 이루는 가장 작은 알갱이를 원자라고 했지요? 한 종류의 원자로 구성된 순물질을 원소라고 합니다. 철(Fe), 금(Au), 알루미늄(Al) 등이 있지요.

두 가지 이상의 원자로 이루어진 순물질을 화합물이라고 합니다. 혼합물과 달리 화합물은 구성 원소의 원래 성질을 갖지 않습니다. 물(H_2O), 소금(NaCl), 이산화 탄소(CO_2) 등이 화합물입니다. 물(H_2O)은 수소(H)와 산소(O)로 이루어져 있습니다. 그렇지만 수소나 산소의 성질은 남아 있지 않습니다. 대신 물의 성질을 가졌지요. 이런 것을 화합물이라고 합니다.

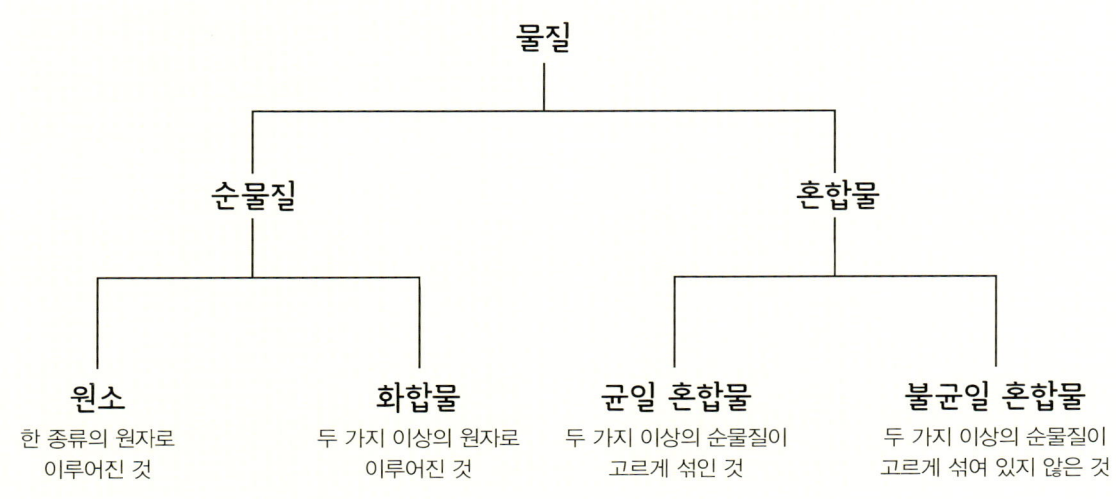

▲ 물질의 분류

탄소와 탄소 화합물

지구에는 자연적으로 존재하는 원소 92개, 과학자들이 지금까지 인공적으로 합성한 원소 26개, 모두 합해서 118개의 원소가 있습니다. 이 원소들이 혼자서, 혹은 몇 가지가 결합하여 세상의 여러 물질들을 이루고 있습니다. 우리가 살펴볼 원소인 탄소(C)는 순물질로도, 혼합물로도 존재하고 있습니다. 이 책에서는 탄소가 포함된 순물질을 중심으로 이야기를 이어 가려고 합니다. 즉 탄소와 탄소 화합물에 대해 알아볼 것입니다.

탄소는 어디에서 왔을까?

탄소가 무엇인지 알기 위해서는 먼저 탄소가 어디에서 왔는지 살펴봐야 할 것입니다. 탄소는 어디서 온 것일까요?

탄소의 탄생

우주는 '빅뱅'이라는 엄청난 폭발에서 시작되었습니다. 눈에 보이지도 않는 아주 작은 점이 폭발해, 너무 거대해서 상상조차 되지 않는 우주 속 수천억 개의 은하를 만들어 낸 것입니다. 우리 은하의 한구석에 태양이 있습니다. 태양 주변을 도는 지구와 지구에 살고 있는 인간까지 모두 빅뱅에서부터 온 것입니다. 탄소 또한 마찬가지입니다.

중요한 원소, 탄소

우주에 가장 많은 원소는 수소(H)입니다. 탄소(C)는 네 번째로 많은 원소지요. 지구에 가장 많은 원소는 산소(O)입니다. 탄소는 열다섯 번째로 많지요.

그렇다면 지구에서 태어난 인간은 어떨까요? 탄소는 우리 몸의 18%를 차지하고 있습니다. 산소 다음으로 많지요. 이를 통해, 탄소가 우리 몸에서 중요한 역할을 하고 있다는 것을 짐작할 수 있습니다.

우리 몸은 산소 65%, 탄소 18%, 수소 10%, 질소 3% 등으로 이루어져 있어!

 정리 콕콕

1. 탄소란 무엇일까요?

⬢ **물질은 무엇으로 이루어져 있을까?**
물질을 이루는 가장 작은 단위를 원자라고 한다.

⬢ **물질을 분류해 볼까?**

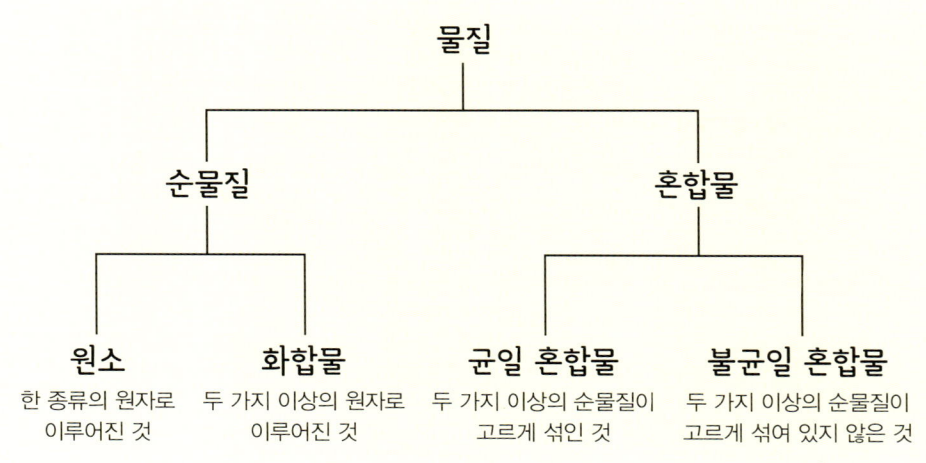

⬢ **탄소는 어디서 왔을까?**
우주는 빅뱅이라는 엄청난 폭발에서 시작되었다. 탄소 또한 빅뱅으로부터 생겨났다.

⬢ **우리 몸에서 탄소는?**
탄소는 우리 몸의 18%를 차지하고 있으며, 중요한 역할을 하는 원소이다.

2장

우리 주변의 탄소

우리 주변에는 어떤 탄소 물질과
탄소 화합물이 있을까요?

자주 만나는 탄소 물질과 화합물

우리 주변에는 수많은 탄소 물질과 탄소 화합물이 있습니다. 탄소와 친해지기 위해서 무엇이 있나 살펴볼까요?

연필 속 흑연

우리 가까이에서 볼 수 있는 탄소 물질은 무엇일까요? 그건 바로 연필심입니다. 연필심은 탄소(C)로 이루어진 흑연을 이용해 만들지요. 1779년, 스웨덴의 화학자 셸레가 흑연이 탄소로 이루어져 있다는 것을 발견하였습니다. 탄소 원자들이 육각형 모양으로 펼쳐져 여러 겹의 층을 이루고 있지요. 연필로 글씨를 쓰면 이 여러 겹의 층들이 밀려 나와 종이에 달라붙는 것이라고 생각하면 쉽습니다.

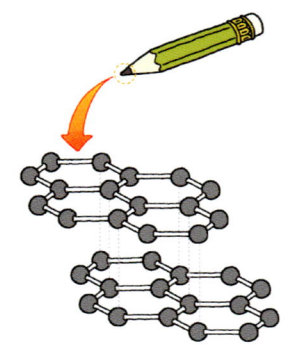

▲ 흑연의 구조

탐탐 과학

연필심 전구 실험을 해 봐요!

흑연은 부드러운 성질을 가졌습니다. 전기가 잘 통하고 열도 잘 전달하지요. 흑연이 전기를 통하는 것은 연필심 전구를 만들어 보면 알 수 있습니다. 먼저, 건전지 양극에 집게 전선을 각각 연결합니다. 집게 전선의 반대편 끝에는 연필심을 연결합니다. 그러면 연필심이 빨갛게 달아오르며 빛이 나는 것을 볼 수 있습니다. 전기가 통하기 때문입니다. 전구를 발명한 에디슨은 연필심과 비슷한 탄소 막대를 필라멘트로 이용하기도 했습니다.

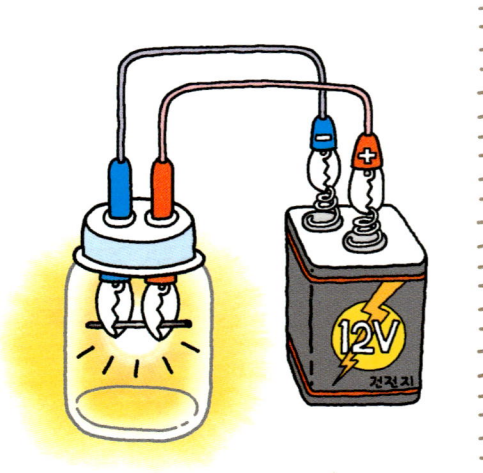

산뜻하고 톡 쏘는 탄산음료

우리 주변에서 흔하게 만날 수 있는 탄소 화합물은 바로 탄산음료입니다. 콜라나 사이다 같은 탄산음료에는 이산화 탄소(CO_2)가 녹아 있어 pH 2.5~3.5 정도의 산성을 띱니다. 아주 높은 압력을 주어 액체 속에 이산화 탄소를 집어넣은 것이지요. 탄산음료를 컵에 부으면 거품이 솟아오르는데, 이 거품 속에 이산화 탄소가 들어 있습니다. 탄산음료의 톡 쏘는 맛은 녹아 있던 이산화 탄소가 퍼지면서 생기는 것입니다.

꼼꼼 과학   pH란 무엇일까요?

pH는 용액의 산성이나 염기성 정도를 나타내는 수치입니다. '수소 이온 농도 지수'라고도 하지요. 일정한 양의 용액에 수소 이온(H^+)이 얼마나 들어 있는지를 나타냅니다. pH 숫자가 작은 용액일수록 강한 산성을 띱니다. 물의 pH 값인 7을 기준으로 pH가 7보다 작은 용액을 산성, 7보다 큰 용액을 염기성이라고 합니다.

고체가 된 이산화 탄소, 드라이아이스

아이스크림을 포장할 때 녹지 않도록 드라이아이스를 함께 넣지요? 드라이아이스 역시 쉽게 만날 수 있는 탄소 화합물입니다. 드라이아이스는 기체 상태의 이산화 탄소(CO_2)가 액체 상태를 거치지 않고 바로 고체가 된 것이지요. 드라이아이스는 실온에서 기체로 변하는데, 이때 주변의 열을 빼앗아 온도가 낮아집니다. 이런 이유로 아이스크림이 녹지 않는 것이지요.

가장 비싼 탄소 물질

탄소로 이루어진 물질 중에 가장 비싼 것은 무엇일까요? 그건 바로 '최고의 보석'이라 불리는 다이아몬드입니다.

탄소로 이루어진 다이아몬드

다이아몬드가 탄소(C)로 이루어져 있다는 사실은 1772년에 프랑스의 화학자 라부아지에가 발견하였습니다. 흑연은 검은색이고 쉽게 부서지는데 비해, 다이아몬드는 반짝이며 매우 단단하지요. 같은 탄소로 이루어진 물질인데 말입니다. 어떻게 이런 일이 생긴 것일까요?

다이아몬드의 구조

흑연은 탄소 원자들이 육각형 벌집 모양으로 펼쳐져 여러 겹의 층을 이루고 있다고 했지요? 다이아몬드는 탄소 원자들이 정사면체 모양으로 서로 연결되어 있습니다. 이 덕분에 다이아몬드는 아주 단단합니다.

같은 탄소 물질이지만 어떻게 모여 있느냐에 따라서 검은 흑연이 되기도 하고, 반짝이는 다이아몬드가 되기도 합니다.

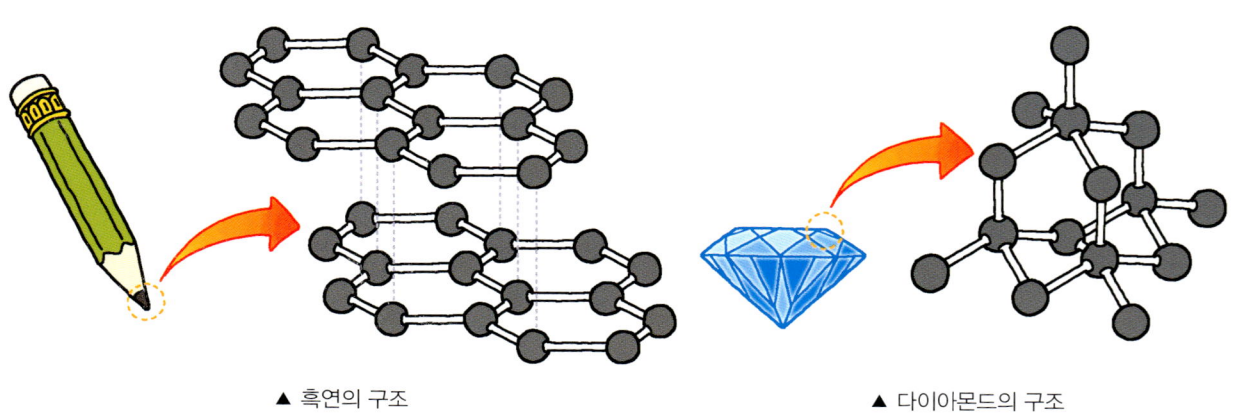

▲ 흑연의 구조   ▲ 다이아몬드의 구조

세상에서 가장 단단한 다이아몬드

물질이 얼마나 단단한가는 얼마나 촘촘히 연결되어 있느냐에 따라 결정됩니다. 다이아몬드는 모스 굳기계의 가장 높은 수치인 굳기 10에 해당합니다. 독일의 광물학자 모스는 광물의 굳기를 쉽게 비교할 수 있도록 모스 굳기계를 만들었습니다. 10개의 광물을 서로 긁어, 굳기에 따라 늘어놓은 것으로, 숫자가 클수록 단단합니다. 활석(1), 석고(2), 방해석(3), 형석(4), 인회석(5), 정장석(6), 석영(7), 황옥(8), 강옥(9), 다이아몬드(10)의 순이지요.

다이아몬드는 굳기 9에 해당하는 강옥보다 14배나 단단합니다. 무척 단단해서 유리를 자르거나 대리석 표면을 다듬는 데도 이용되지요. 이렇게 공업용으로 쓰이는 것은 천연 다이아몬드가 아니라 사람이 만들어 낸 인조 다이아몬드입니다. 탄소에 높은 온도와 압력을 주어 만들지요.

굳기	표준 광물
1	활석
2	석고
3	방해석
4	형석
5	인회석
6	정장석
7	석영
8	황옥
9	강옥
10	다이아몬드

▲ 모스 굳기계

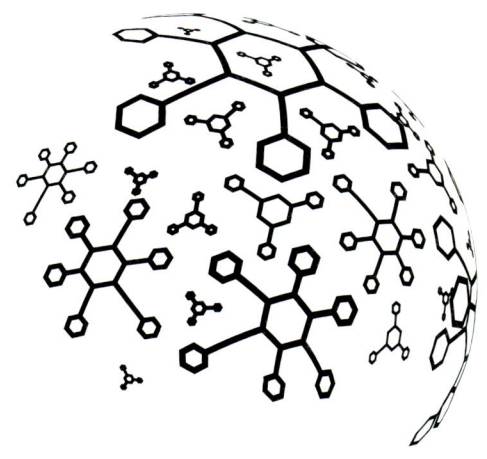

동소체란?

재미있는 차이가 또 있습니다. 연필심 전구 실험에서 확인했듯 흑연은 전기가 통하지만, 다이아몬드는 전기가 통하지 않습니다. 같은 탄소 물질인데도 성질이 전혀 다르지요. 이렇게 같은 원소로 이루어져 있지만 성질이 다른 물질을 '동소체'라고 합니다. 흑연과 다이아몬드는 똑같이 탄소(C)로 이루어져 있지만, 성질이 전혀 다른 탄소 동소체들이지요.

위험한 탄소 화합물

흑연이나 다이아몬드처럼 흔히 사용되는 탄소 물질도 있지만, 위험해서 사람들이 멀리하는 탄소 화합물도 있습니다. 연탄가스나 담배 연기에 들어 있는 일산화 탄소가 그 예입니다.

이산화 탄소란?

앞에서, 탄산음료에는 이산화 탄소가 녹아 있다고 했지요? 이산화 탄소의 '이'는 숫자 '2'를 뜻합니다. 일산화 탄소의 '일'은 숫자 '1'을 의미하지요.

탄소(C)는 타면서 산소(O) 2개와 만나서 이산화 탄소(CO_2)가 되는 것이 일반적입니다. 탄다는 것은 산소와 결합한다는 뜻이지요.

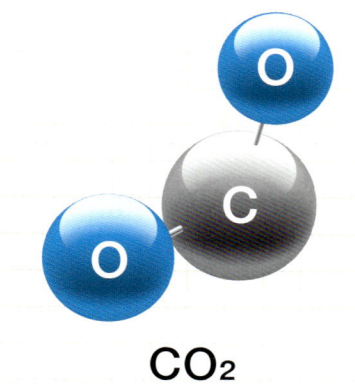

CO_2

일산화 탄소란?

그런데 산소가 부족한 곳에서 탄소가 타면, 탄소(C)와 산소(O)가 1개씩 결합해 일산화 탄소(CO)가 됩니다.

일산화 탄소는 향과 색이 없으며 대단히 강한 독성을 지녔습니다. 불이 났을 때 사람이 숨을 쉬기 어려운 이유는 일산화 탄소가 발생했기 때문입니다.

일산화 탄소는 이렇게 몹시 위험한 물질이지만, 철광석에서 순수한 철만을 얻을 때나, 메탄올 따위의 원료 물질로써 공업용으로 사용되는 등 인간의 삶에 도움을 주기도 합니다.

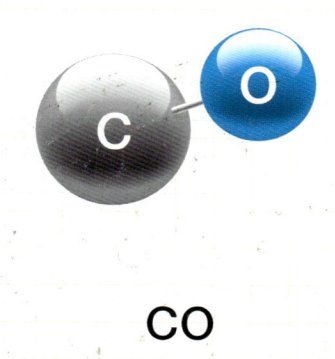

CO

위험한 일산화 탄소

핏속 적혈구에는 '헤모글로빈'이라는 물질이 들어 있어 우리 몸 구석구석으로 산소를 실어 나릅니다. 헤모글로빈은 산소와 잘 결합하지요. 그런데 일산화 탄소는 산소보다 헤모글로빈과 200배나 더 잘 결합합니다. 그래서 일산화 탄소가 많아지면 헤모글로빈이 산소와 결합하지 못하고, 몸속에 산소를 전달하지 못하게 되는 것입니다. 구체적으로 말하면, 핏속에 있는 헤모글로빈의 약 10%가 일산화 탄소와 결합하면 호흡이 가빠지고, 머리가 아프고, 졸음 증상이 옵니다. 헤모글로빈의 50% 정도가 일산화 탄소와 결합하면 사람은 의식을 잃고 죽음에 이를 수 있습니다.

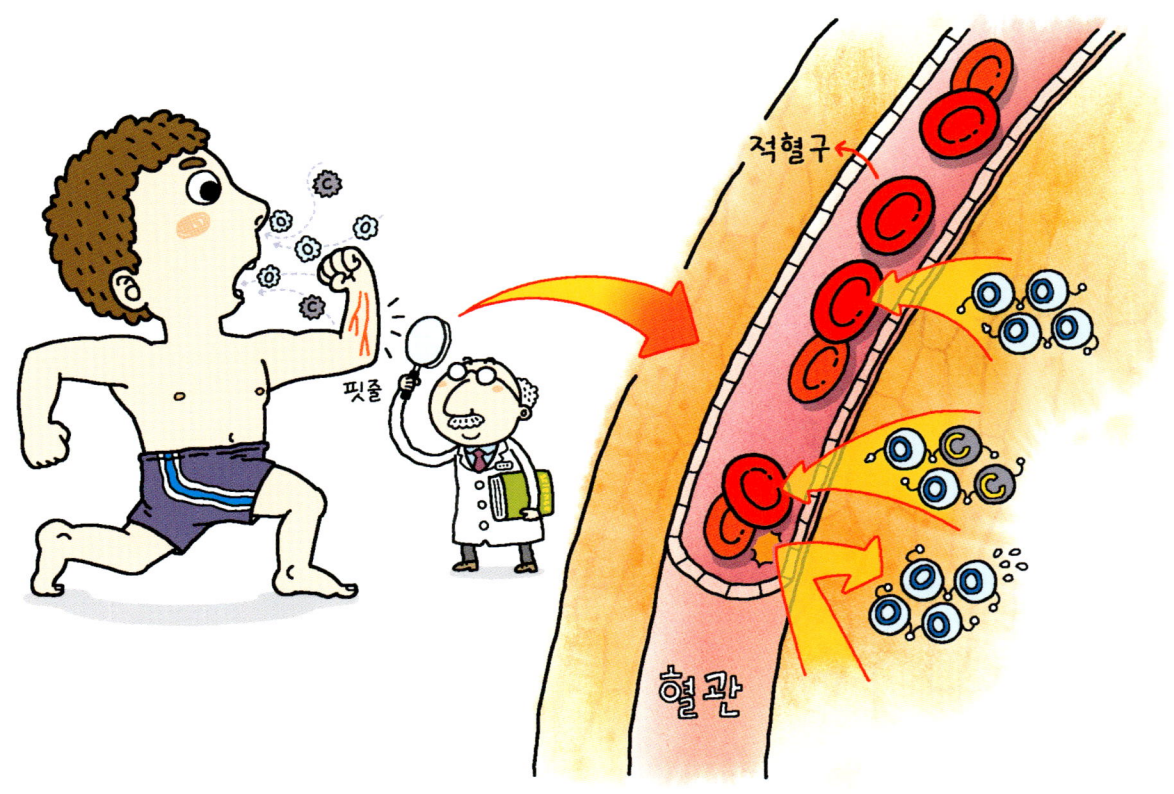

일산화 탄소 중독, 이렇게 막자

가스히터, 석유난로 등을 사용할 때는 반드시 환기를 자주 시켜 산소를 공급해 주어야 합니다. 산소가 충분하면 일산화 탄소가 생기는 대신에 이산화 탄소가 생깁니다. 화재가 나거나 연탄가스에 중독되어 사람이 쓰러지면 바로 신선한 공기를 쐬게 하고, 심한 경우 산소 호흡기를 이용해 치료해야 합니다.

정리 콕콕

2. 우리 주변의 탄소

● 우리 주변의 탄소는?
우리 주변에는 수많은 탄소 물질과 탄소 화합물이 있다. 흑연, 다이아몬드, 탄산음료, 드라이아이스 등이 그 예이다.

● 동소체란 무엇일까?
흑연과 다이아몬드는 똑같이 탄소로 이루어져 있지만 성질이 전혀 다르다. 이렇게 같은 원소로 이루어져 있지만 성질이 다른 물질을 동소체라고 한다.

● 위험한 탄소 화합물도 있다고?
산소가 부족한 곳에서 탄소가 타면 일산화 탄소가 만들어진다. 일산화 탄소는 향과 색이 없으며 대단히 강한 독성을 지녔다.

● 일산화 탄소와 헤모글로빈이 결합하면?
헤모글로빈은 산소와 잘 결합하는 성질이 있어서, 우리 몸 곳곳에 산소를 실어 나른다. 그런데 산소보다 일산화 탄소가 헤모글로빈과 더 잘 결합한다. 몸에 일산화 탄소가 많아지면 산소가 부족해져 위험하다.

● 일산화 탄소 중독, 이렇게 막자!
산소가 충분한 곳에서 탄소가 타면 일산화 탄소 대신 이산화 탄소가 생긴다. 따라서 가스히터, 석유난로 등을 이용할 때는 환기를 자주 해야 한다. 만약 일산화 탄소에 중독된 사람이 있으면 신선한 공기를 쐬게 한다.

3장

탄소 들여다보기

이제 본격적으로 탄소의 속을 들여다볼까요?

원자의 구조

탄소의 속을 들여다보기 위해서는 먼저 원자에 대해 알아야 합니다. 원자란 무엇인지 알아보고 탄소에 더 가까이 다가가 볼까요?

원자는?

앞에서 원자는 물질을 이루는 가장 작은 알갱이라고 했지요? 원자는 원자핵과 전자로 이루어져 있습니다. 원자핵은 다시 양성자와 중성자로 나뉘지요.

양성자는 양(+)의 전기를 띤 양전하를 가지며, 전자는 음(-)의 전기를 띤 음전하를 가집니다. 중성자는 아무 전하도 가지지 않지요. 전하란 물체가 띠고 있는 전기의 양을 말합니다. 원자는 전기적으로 중성이며, 양전하를 띠는 양성자와 음전하를 띠는 전자를 같은 개수로 가집니다.

그러므로 원자가 전자를 빼앗기면 전기적으로 플러스(+)를 띠고, 전자를 얻으면 전기적으로 마이너스(-)를 띠게 됩니다.

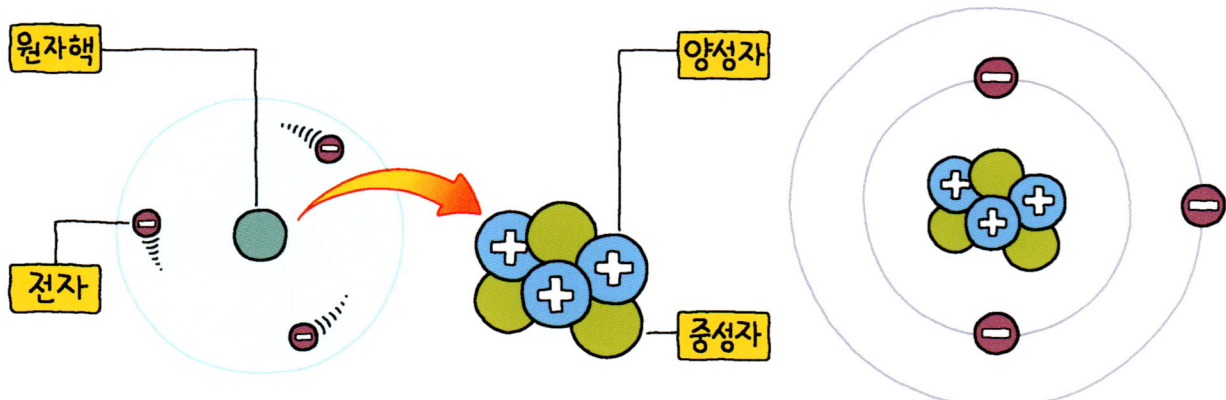

원자 속 전자의 에너지 자리

원자는 원자핵과 전자로 이루어져 있다고 했지요? 음전하를 가진 전자는 원자 속을 자유롭게 돌아다닙니다. 하지만 여기에도 규칙은 있습니다. 원자핵 주변에는 전자의 에너지 자리가 있어서 전자들은 그 안에서만 돌아다닐 수 있습니다.

원자에서 가장 낮은 에너지 자리에는 전자가 2개까지, 그다음 에너지 자리에는 전자가 8개까지 들어갈 수 있습니다. 그리고 모든 원자들은 가장 바깥쪽의 에너지 자리에 8개의 전자를 채워서 안정한 상태를 만들고 싶어 합니다.

안정한 상태란?

원자 번호 2번인 헬륨(He)은 전자가 2개뿐입니다. 가장 낮은 에너지 자리에 전자 2개를 채워 안정한 상태입니다. 원자 번호 10번인 네온(Ne)은 전자가 10개입니다. 가장 낮은 에너지 자리에 전자 2개, 그다음 에너지 자리에 전자 8개를 채워 역시 안정한 상태입니다.

여기서 안정하다는 것은 에너지 자리를 채우기 위해 전자를 빼앗아 오거나, 전자를 주거나, 또 전자를 공유할 필요가 없는 상태를 말합니다.

하지만 가장 바깥쪽 에너지 자리에 8개의 전자를 채우지 못한 원자들은 전자를 빼앗아 오거나, 남는 것을 주거나, 또는 전자를 공유하려고 노력합니다. 이러한 현상을 '반응'이라고 합니다. 가장 바깥 에너지 자리에 전자가 8개가 되도록 하는 것이지요.

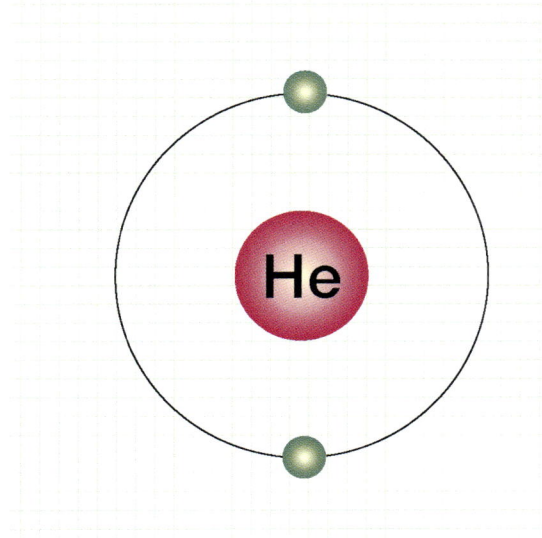

▲ 헬륨(He)은 전자가 2개로 안정한 상태이다.

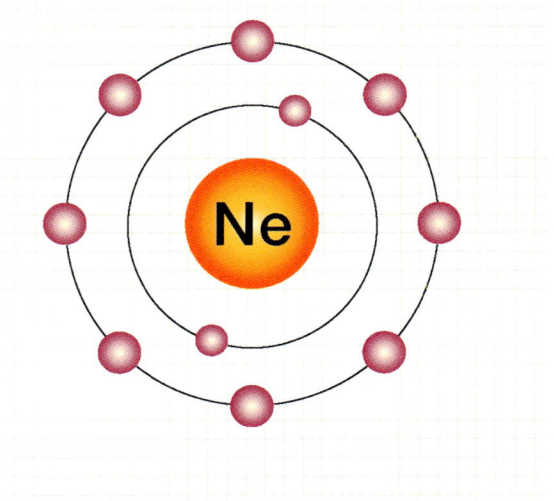

▲ 네온(Ne)은 전자가 10개로 가장 낮은 에너지 자리에 2개, 그다음 에너지 자리에 8개를 채워 안정한 상태이다.

주기율표란?

앞에서 원자의 구조를 설명한 이유는 탄소 원자 속을 들여다보기 위해서입니다. 탄소(C)의 원자 번호는 6번입니다. 그 이유는 원소가 가지고 있는 원자핵 속 양성자의 개수로 원자 번호를 매기기 때문입니다. 주기율표에서 1번은 수소(H), 2번은 헬륨(He)입니다. 즉 수소는 양성

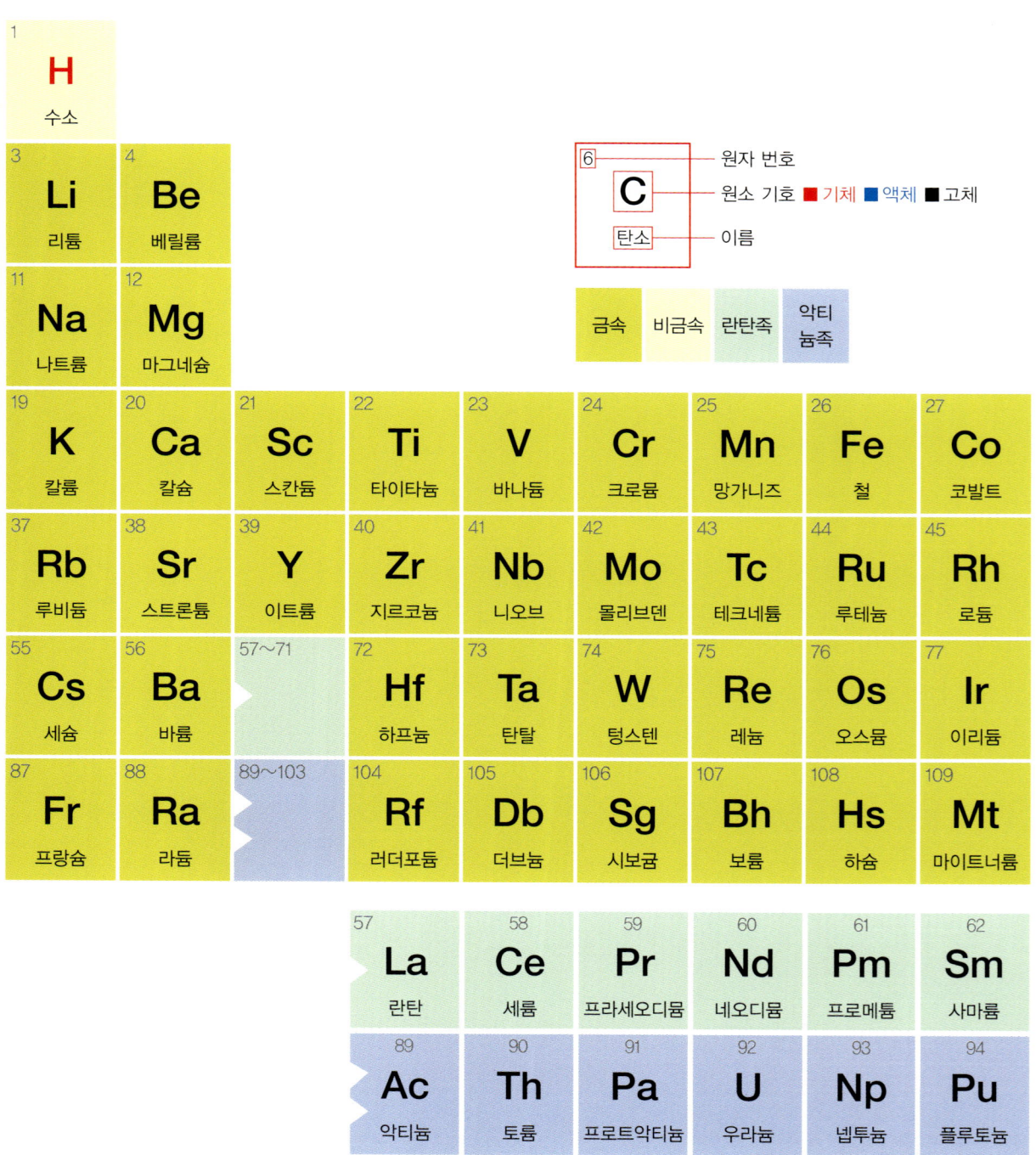

자가 1개, 헬륨은 양성자가 2개라는 뜻이지요. 이와 마찬가지로 탄소가 가지고 있는 양성자는 6개입니다.

주기율표는 원소를 원자 번호에 따라 왼쪽에서 오른쪽으로(가로줄) 배열하다가, 비슷한 성질의 원소가 나타날 때 줄을 바꾸어 같은 세로줄에 오도록 배열해 두었습니다.

								2 He 헬륨
			5 B 붕소	6 C 탄소	7 N 질소	8 O 산소	9 F 플루오린	10 Ne 네온
			13 Al 알루미늄	14 Si 규소	15 P 인	16 S 황	17 Cl 염소	18 Ar 아르곤
28 Ni 니켈	29 Cu 구리	30 Zn 아연	31 Ga 갈륨	32 Ge 저마늄	33 As 비소	34 Se 셀레늄	35 Br 브롬	36 Kr 크립톤
46 Pd 팔라듐	47 Ag 은	48 Cd 카드뮴	49 In 인듐	50 Sn 주석	51 Sb 안티몬	52 Te 텔루르	53 I 아이오딘	54 Xe 크세논
78 Pt 백금	79 Au 금	80 Hg 수은	81 Tl 탈륨	82 Pb 납	83 Bi 비스무트	84 Po 폴로늄	85 At 아스타틴	86 Rn 라돈
110 Ds 다름슈타튬	111 Rg 뢴트게늄							

63 Eu 유로퓸	64 Gd 가돌리늄	65 Tb 테르븀	66 Dy 디스프로슘	67 Ho 홀뮴	68 Er 에르븀	69 Tm 툴륨	70 Yb 이터븀	71 Lu 루테튬
95 Am 아메리슘	96 Cm 퀴륨	97 Bk 버클륨	98 Cf 칼리포르늄	99 Es 아인시타이늄	100 Fm 페르뮴	101 Md 멘델레븀	102 No 노벨륨	103 Lr 로렌슘

탄소의 특징

탄소는 가장 바깥 에너지 자리에 네 개의 전자, 즉 네 개의 팔을 가졌습니다. 그래서 다른 원자들과 다양하게 결합할 수 있지요.

탄소 원자가 안정해지려면?

탄소는 원자 번호 6번으로, 양성자 6개와 전자 6개를 가지고 있습니다. 원자는 전기적으로 중성입니다. 양성자와 전자를 같은 개수로 가지니까요. 원자는 가장 바깥 에너지 자리를 8개의 전자로 채우고 싶어 한다고 했지요? 탄소 원자가 안정하게 되기 위해서는 몇 가지 방법이 있습니다.

첫째, 전자 4개를 잃어버리는 것입니다. 그렇게 되면 가장 낮은 에너지 자리에 2개의 전자를 가지므로 원자 번호 2번인 헬륨과 같이 안정하게 됩니다. 그러나 전자를 4개나 잃어버려야 하기 때문에 많은 노력이 필요합니다.

두 번째 방법으로는 다른 원자로부터 전자 4개를 얻어 원자 번호 10번인 네온과 같이 되는 방법입니다. 전자를 4개나 얻어야 하기 때문에 전자를 4개 잃는 것만큼이나 쉽지 않습니다.

네 개의 팔을 가진 탄소

마지막 방법은 자연 상태에서 가장 많이 선택하는 방법인데, 다른 원자들과 전자 4개를 공유하는 것입니다. 전자를 공유해 바깥 에너지 자리에 전자 8개를 채우는 것이지요. 이것이 탄소를 일컬어 4개의 팔을 가졌다고 하는 이유입니다. 탄소는 가능하기만 하면 다른 원자들과 결합하려고 합니다. 같은 탄소 원자뿐만 아니라 수소, 산소, 질소 등 다른 여러 종류의 원자들과도 결합할 수 있습니다. 탄소는 자신의 전자들을 최대 4개의 원자들과 동시에 공유할 수 있으며 자유롭게 변형할 수도 있습니다.

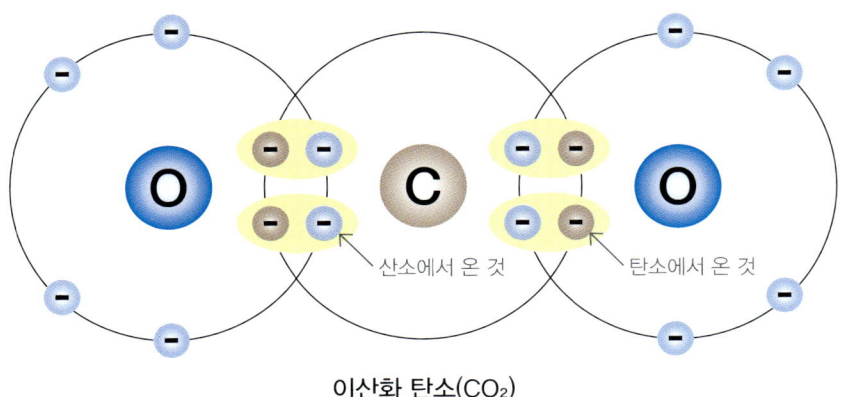

이산화 탄소(CO_2)
이산화 탄소(CO_2)에서 가장 바깥 에너지 자리에 각각 전자 8개씩을 채운 탄소(C)와 산소(O)

탄소 화합물

앞에서 살펴본 것처럼, 탄소는 바깥 에너지 자리에 전자가 4개나 있어서, 다양한 원자와 다양한 형태로 결합할 수 있습니다. 현재까지 수천만 종류의 탄소 화합물이 알려져 있으며 매일 새로운 탄소 화합물이 발견되거나 만들어지고 있습니다. 쌀·보리·감자 등에 들어 있는 탄수화물, 고기에 들어 있는 단백질, 동물성 및 식물성 지방, 그리고 비타민 등도 모두 탄소가 주성분으로 들어 있는 탄소 화합물입니다.

▲ 우리 주변의 다양한 탄소 화합물

정리 콕콕

3. 탄소 들여다보기

◆ 원자는?

원자는 물질을 이루는 가장 작은 알갱이로, 원자핵과 전자로 이루어져 있다. 원자핵은 다시 양성자와 중성자로 나뉘는데, 양성자는 양전하를 전자는 음전하를 가진다. 음전하를 가진 전자는 원자 속을 돌아다닌다. 원자핵 주변에는 전자 에너지 자리가 있는데, 전자는 그 에너지 자리에서만 돌아다닐 수 있다.

◆ 원자가 안정한 상태가 되려면?

원자에서 가장 낮은 에너지 자리에는 전자가 2개까지, 그다음 에너지 자리에는 전자가 8개까지 들어갈 수 있다. 모든 원자는 가장 바깥의 에너지 자리에 전자 8개를 채워서 안정한 상태를 만들려고 한다. 가장 바깥의 에너지 자리에 전자 8개를 채우지 못한 원자들은 전자를 빼앗아 오거나, 남는 것을 주거나, 또는 전자를 공유하려고 노력한다.

◆ 주기율표란?

원소를 원자 번호의 순서대로 늘어놓으면서, 비슷한 성질에 따라 배열되도록 분류한 표를 말한다. 원자 번호는 원자핵 속 양성자의 개수로 매긴다.

◆ 탄소가 안정해지려면?

전자를 모두 6개 가지고 있는 탄소는 가장 바깥의 전자 에너지 자리에 있는 전자 4개를 잃어버리거나, 전자 4개를 얻으면 안정한 상태가 된다. 또는 다른 원자와 전자 4개를 공유해야 한다.

◆ 다양한 탄소 화합물

탄소는 다양한 원자와 다양한 형태로 결합할 수 있다. 우리 주변에는 무수히 많은 탄소 화합물이 있다.

… 4장

우리 몸속의 탄소

탄소는 우리 몸속에서 어떤 일을 할까요?

생물 속에 가득한 탄소

앞에서 탄소 원소가 어떻게 생겼는지 알아보았습니다. 이번엔 탄소의 신비한 역할을 살펴보겠습니다. 바로 생물체를 이루는 역할입니다.

지구를 이루는 원소

우리는 지구에서 살고 있습니다. 우리의 몸은 당연히 지구에 있는 물질들로 이루어져 있습니다.

지구를 이루는 원소 중 가장 많은 것은 철입니다. 지구 전체를 이루는 원소 가운데 철이 차지하는 질량 비율은 35%나 되지요. 그다음으로 많은 원소는 산소로 약 30%를 차지하고 있습니다. 그리고 규소가 15%, 마그네슘이 13%로 그 뒤를 잇지요.

만약 지구와 같은 비율의 원소로 우리 몸이 만들어져 있다면, 우리 몸은 온통 철로 이루어진 로봇과 비슷할지도 모릅니다.

우리 몸에서 두 번째로 많은 원소, 탄소

우리 몸을 구성하는 원소의 비율은 지구와 많이 다릅니다. 체중(질량)을 이루는 비율로 따지면, 산소가 65%로 가장 많고 탄소가 18%를 차지하고 있지요. 세 번째 많은 원소는 수소로 약 10%를 차지하며, 그다음으로 질소가 약 3%를 차지하고 있습니다.

수소(H)와 산소(O)가 결합하면 물(H_2O)이 됩니다. 우리 몸에 수소와 산소가 많은 이유는 우리 몸의 67% 정도가 물이기 때문입니다. 그래서 우리 몸에서 물을 제외하고 나면 탄소가 가장 많은 원소인 셈입니다. 우리 몸에 탄소가 이렇게 많은 이유는 무엇일까요?

하나의 팔로는?

탄소가 생물을 이루는 주성분이 된 이유는 다양한 구조를 만들 수 있는 능력을 가지고 있기 때문입니다. 앞에서 하나의 탄소 원자는 4개의 팔을 가지고 있는 셈이라고 했지요? 탄소는 4개의 팔을 가지고 있기 때문에 매우 다양한 구조를 만들어 낼 수 있습니다.

우선 다른 원소의 경우부터 살펴볼까요? 전자를 1개 가지고 있는, 그러니까 가장 낮은 전자 에너지 자리에 빈자리가 하나만 있어서 팔이 하나뿐인 수소는 어떤 구조를 만들 수 있을까요? 팔이 하나뿐인 사람들이 사는 마을을 상상해 봅시다. 팔과 팔을 잡아서 연결될 수 있는 사람의 수는 2명뿐입니다. 두 사람이 서로 팔을 잡고 나면 더 이상 '연결'에 참여할 '빈' 팔이 남지 않으니까요. 하나의 수소 원자는 하나의 팔을 갖고 있어서 그 수가 아무리 많아도 수소 원자만을 이용해서 만들 수 있는 구조는 한 가지뿐입니다.

네 개의 팔로는?

이번에는 팔이 4개인 사람들이 사는 마을을 생각해 볼까요? 이 마을 사람들이 만들 수 있는 연결의 종류는 얼마나 될까요? 두 사람이 팔을 잡은 뒤에도 각각 3개의 '빈' 팔이 남아 있어서, 남은 팔로 다른 사람과의 '연결'을 수없이 많이 만들 수 있습니다. 이 마을에 팔이 1개, 2개, 또는 3개인 사람이 섞여 있다고 해도 팔이 4개인 사람이 있다면 다양한 모양을 이룰 수 있습니다. 탄소를 바탕으로 수소, 산소, 질소가 모여 생명체를 이루는 다양한 구조를 만들어 낼 수 있는 것이지요.

탄소가 몸속에서 하는 일

탄소가 만들어 낼 수 있는 구조는 무수히 많지만 생명체를 이루는 물질은 크게 네 가지로 나눌 수 있습니다. 탄수화물, 지질, 핵산, 단백질이 그것이지요. 이 네 가지 물질에 대해서 조금 더 자세히 알아볼까요?

탄수화물은?

탄수화물은 탄소, 산소, 수소 세 가지 원소가 모여서 만들어진 탄소 화합물입니다. 탄수화물의 기본 뼈대를 이루는 원소는 역시 탄소입니다.

탄소, 산소, 수소로 만들어지는 물질 중에는 지질도 있습니다. 탄수화물은 대체로 물에 잘 녹지만 지질은 대부분 물에 잘 녹지 않습니다. 같은 세 가지 원소로 이루어져 있지만 탄수화물은 지질보다 산소를 더 많이 갖고 있어서 물에 잘 녹습니다. 우리 몸에는 물이 많이 있기 때문에 몸속의 탄수화물은 대부분 이 물에 녹아 있지요.

에너지 공급을 담당하는 탄수화물

탄수화물은 우리가 숨을 쉬고 생각을 하고 운동을 하는 데 필요한 에너지를 공급해 줍니다. 우리가 탄수화물을 먹으면 몸에서 분해되면서 에너지가 발생합니다.

그래서 세계 모든 나라의 식탁에는 탄수화물이 풍부한 음식이 꼭 포함되어 있습니다. 밥, 빵, 국수, 떡 등이 탄수화물이 풍부한 음식이지요.

탄수화물의 구조

탄수화물은 비교적 모양이 단순하지만 모든 탄수화물이 단순한 구조를 가지는 것은 아닙니다. 탄수화물 역시 탄소를 기반으로 하는 물질이기 때문에 무척 다양한 구조를 만들 수 있지요. 복잡한 구조를 띤 탄수화물은 우리 몸속에서 에너지 공급원 말고 또 다른 역할을 합니다. 바로 세포가 서로를 알아보게 하는 역할입니다.

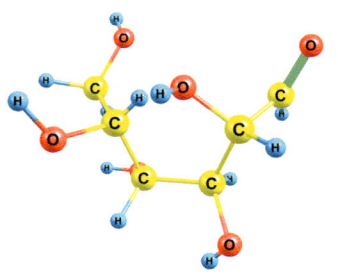

▲ 탄수화물(포도당)의 구조

세포에 달린 탄수화물은 저마다 달라

우리 몸을 이루고 있는 세포에는 복잡하고 다양한 구조를 가진 짧은 길이의 탄수화물이 달려 있습니다. 세포들은 어떤 탄수화물이 달려 있는지를 감지하여 다른 세포의 종류를 알아냅니다. 우리 몸에 혹시 병균이 들어오지는 않았는지 감시하기도 합니다. 만약 병균이 침입하면 세포에 달린 탄수화물을 구별해서 병균을 찾아내고 공격하지요.

외부에서 들어온 세포가 아니라 몸속 세포끼리도 서로 역할에 따라 다른 종류의 탄수화물이 붙어 있습니다. 그래서 상처가 나면 백혈구에 달린 탄수화물을 감지해서 상처 부위로 백혈구를 불러 모으지요. 혈액형이 서로 다른 이유도 적혈구에 달린 탄수화물이 다르기 때문입니다.

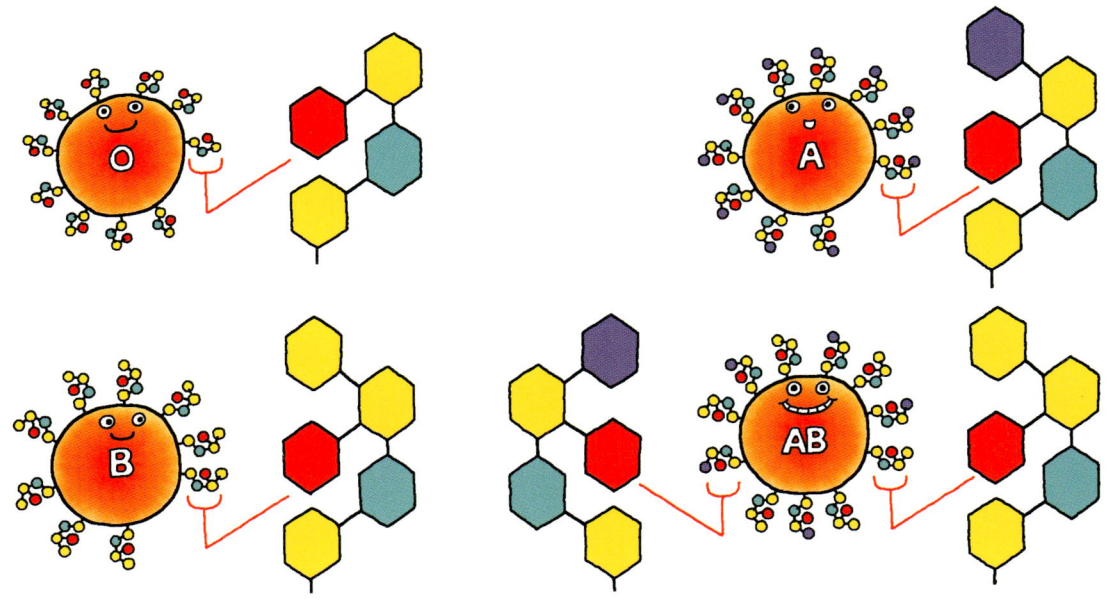

▲ 혈액형이 다른 이유는 적혈구에 달린 탄수화물이 다르기 때문이다.

4장 우리 몸속의 탄소

지질은?

 탄수화물과 마찬가지로 지질도 탄소, 산소, 수소로 구성되어 있는 물질입니다. 지질의 주된 뼈대는 탄소지요. 하지만 탄수화물과는 달리 물에 잘 녹지 않습니다. 우리 주변에 지질을 많이 포함하고 있는 음식에는 식용유, 참기름, 버터, 마가린 등이 있습니다.

에너지를 저장하는 지질

 지질은 탄수화물보다 훨씬 많은 양의 에너지를 가지고 있습니다. 지질은 같은 무게의 탄수화물에 비해 2배 이상의 에너지를 가지고 있지요. 그런데 우리 몸은 지질과 탄수화물이 함께 있으면 탄수화물을 먼저 분해하여 에너지로 씁니다. 탄수화물을 에너지로 만드는 것이 더 쉽기 때문입니다.

 지질은 에너지를 발생시키기 어려운 대신 높은 에너지를 가지고 있기 때문에 우리 몸에 에너지를 저장할 때 사용합니다. 운동을 하지 않고 많이 먹기만 하면 살이 찌지요. 이것은 우리 몸에 지질이 늘어나기 때문입니다.

핵산은?

핵산은 유전이나 단백질을 만드는 데 중요한 역할을 하는 물질입니다.

핵산과 단백질은 탄소, 산소, 수소와 더불어 질소를 포함하고 있습니다. 원자 번호 6번인 탄소는 4개의 팔을 가지고, 원자 번호 7번인 질소는 3개의 팔을 가지고 있습니다. 탄소보다 팔의 개수가 적지만, 질소도 나름대로 복잡한 구조를 만들어 낼 수 있지요. 질소와 탄소가 주축이 되어 만들어지는 핵산과 단백질은 그만큼 여러 가지 복잡한 구조를 만들어 낼 수 있습니다.

너의 모든 정보는 내 팔 안에

'핵산'이라고 하면 낯설게 들리겠지만 DNA는 많이 들어 보았지요? 우리 몸의 정보를 담고 있는 DNA는 핵산의 한 종류입니다. DNA는 마치 기다란 끈처럼 생겼습니다. 사람의 몸을 이루는 각 세포들은 기다란 끈 모양의 DNA를 가지고 있지요. 아직까지는 인간의 세포에 들어 있는 DNA가 각각 어떤 정보를 담고 있으며, 어떤 일을 하는지 완벽히 밝혀지지 않았습니다. 하지만 DNA에 단백질을 만드는 정보가 저장되어 있다는 것은 알아냈습니다.

우리 몸에는 무려 수백만 가지 이상의 단백질이 존재하고 있는데, 이 단백질을 만드는 정보가 바로 DNA에 저장되어 있습니다. 이처럼 단백질을 만드는 정보를 담고 있는 DNA의 서열을 '유전자(gene)'라고 합니다.

하지만 우리는 유전자의 정확한 기능에 대해서 여전히 모르는 것이 많습니다. 단백질을 만드는 정보는 전체 DNA 서열의 1% 정도에 불과하거든요. 나머지 DNA 서열이 어떤 기능을 하는지는 여전히 연구 대상으로 남아 있습니다.

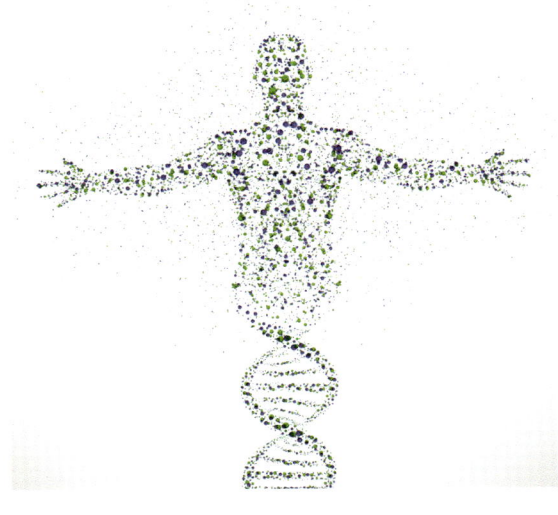

단백질은?

탄소가 기반이 되어 만들어지는 물질 중 생명체에서 가장 복잡하고 다양한 기능을 담당하는 것이 바로 단백질입니다. 단백질은 우리가 먹는 고기, 생선, 우유, 두부 등에 많이 포함되어 있지요.

사람의 체중에서 65% 정도가 물이고 단백질은 약 10%를 차지합니다. 단백질은 근육과 내장, 뼈와 피부 등의 형태로 우리 몸을 만들고 지탱합니다. 단백질은 우리 몸을 움직이고, 소화를 돕고, 생각을 하게 하는 등 생명 활동을 일으키는 역할을 합니다.

생물 공장의 공장장

우리 몸은 하나의 거대한 화학 공장이라고 할 수 있습니다. 우리는 음식을 먹고, 먹은 음식을 소화해서 에너지를 내고, 이 에너지를 이용해서 공부를 하기도 하고 운동을 하기도 하지요. 이런 모든 활동들은 새로운 물질을 만들어 내는 화학 반응들로부터 시작됩니다.

하나의 화학 반응은 단순하지만 여러 화학 반응들이 일어나면, 수없이 다양한 물질들이 만들어지고 결국 생명체를 이루지요. 이런 화학 반응이 활발하게 일어나도록 해 주는 역할을 담당하는 것이 바로 단백질입니다.

탄소 덕분에 연결될 수 있어

단백질은 20개의 아미노산으로 구성되어 있습니다. 지구상에 존재하는 모든 생물은 똑같이 20개의 아미노산을 사용하여 단백질을 만들어 냅니다. 20개의 아미노산을 어떤 순서로 엮는가에 따라서 다양한 단백질을 만들 수 있습니다.

예를 들어 우리 뇌에 있는 세로토닌 수용체는 450~600개의 아미노산이 연결되어 만들어진 단백질입니다. 세로토닌이 들어와서 세로토닌 수용체와 만나면 우리는 편안함과 행복을 느끼지요.

세로토닌 수용체는 복잡한 모양을 하고 있지만 하나의 기다란 사슬로 연결되어 있습니다. 그것은 탄소 덕분입니다. 탄소가 각각의 아미노산으로 구성된 단백질들을 연결해 주는 역할을 하고 있기 때문입니다.

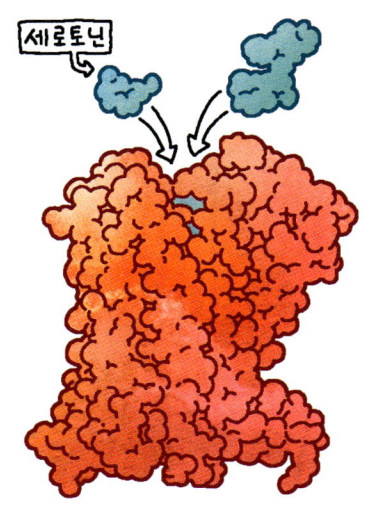

▲ 세로토닌 수용체

4. 우리 몸속의 탄소

정리 콕콕

우리 몸을 이루는 원소는?
우리 몸을 이루는 원소는 질량비로 산소 65%, 탄소 18%, 수소 10%, 질소 3% 등이다. 탄소는 우리 몸에서 두 번째로 많은 원소이다.

우리 몸속의 탄소 화합물은?
탄소는 가장 바깥 에너지 자리에 4개의 전자를 가지고 있다. 남은 4개의 빈자리를 통해 수소·산소·질소 등과 결합해 다양한 탄소 화합물을 만들어 낸다. 이 중 생명체를 이루는 물질은 크게 네 가지로 탄수화물·지질·핵산·단백질이다.

탄수화물은?
탄소·산소·수소의 세 가지 원소가 모여서 만들어진 탄소 화합물로, 우리 몸에 에너지를 공급한다. 또 세포가 서로를 알아보게 하는 역할도 한다.

지질은?
탄소·산소·수소의 세 가지 원소가 모여서 만들어진 탄소 화합물로, 에너지를 저장하는 역할을 한다. 같은 무게의 탄수화물보다 2배 이상의 에너지를 가진다.

핵산은?
탄소·산소·수소·질소 등으로 이루어진 탄소 화합물로, 우리 몸에서 유전 정보를 전달하는 역할을 한다. DNA는 핵산의 한 종류이다.

단백질은?
탄소·산소·수소·질소 등으로 이루어진 탄소 화합물로, 우리 몸을 만드는 성분이다. 근육, 내장, 뼈, 피부 등은 주로 단백질로 이루어져 있다. 단백질은 우리 몸속의 다양한 화학 반응을 이끌어 낸다.

5장

돌고 도는 탄소

탄소는 여러 가지 자연 활동에 의해 돌고 돕니다.
탄소의 순환에 대해 알아볼까요?

태양의 힘

지구에서 생물체가 살아가기 위해서는 끊임없이 쓸모 있는 에너지가 공급되어야 합니다. 그렇다면 지구에 에너지를 공급해 주는 것은 무엇일까요?

에너지의 근원, 태양

태양은 엄청난 에너지를 가지고 있습니다. 지구도 화산 폭발·지진 등의 활동으로 에너지를 분출하지만, 지구상의 생명을 유지하는 데 필요한 양에는 턱없이 모자랍니다.

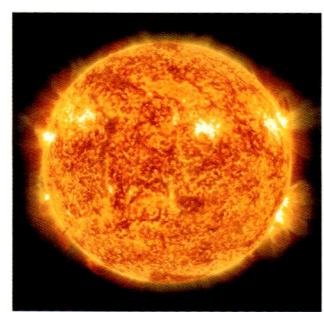

태양의 내부에서는 핵융합 반응이 일어나며 엄청난 에너지를 만들어 냅니다. 이 에너지는 빛으로 지구에 도착해 지구 위 생물들이 살아가는 데 이용되지요.

식물의 광합성

모든 생물들이 태양으로부터 오는 빛 에너지를 그대로 이용할 수 있는 것은 아닙니다. 식물을 포함한 일부 생물만이 빛 에너지를 흡수할 수 있는 색소를 가지고 있습니다.

대표적인 색소 중 하나가 바로 모든 식물의 잎에 포함되어 있는 엽록소입니다. 엽록소는 엽록체에 모여 있습니다. 엽록소가 녹색을 띠고 있기 때문에 대부분의 식물은 녹색의 잎을 가지고 있는 것이지요.

식물은 엽록소가 흡수한 빛 에너지를 이용해서 작은 탄소 화합물들을 연결해 큰 탄소 화합물로 만듭니다. 큰 탄소 화합물에 태양 에너지가 저장되는 것이지요. 이 과정을 '광합성'이라고 합니다. 광합성에 사용되는 작은 탄소 화합물은 이산화 탄소입니다. 식물은 공기 중에 있는 이산화 탄소를 이용해서 광합성을 하지요. 광합성을 해서 만들어 낸 탄소 화합물이 바로 포도당입니다.

광합성 과정을 자세히 들여다보자!

식물은 잎의 구멍(기공)을 통해 들어온 이산화 탄소와 뿌리를 통해 빨아들인 물을 엽록소가 흡수한 빛 에너지를 이용해 포도당으로 만들어 냅니다. 반응식으로 나타내면 아래와 같습니다.

이산화 탄소 + 물 → 포도당 + 산소

$6CO_2 + 6H_2O \rightarrow C_6H_{12}O_6 + 6O_2$

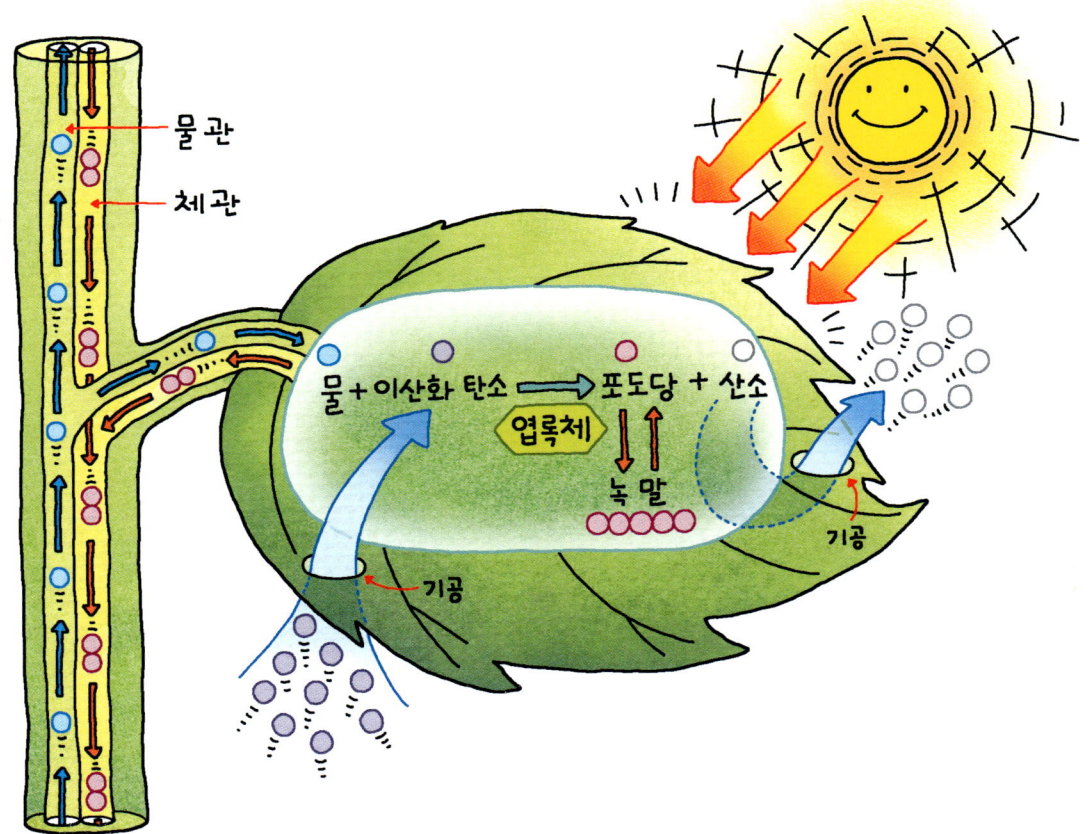

반응식을 보면 포도당과 함께 산소가 생성된 것을 볼 수 있습니다. 우리가 숨을 쉬는 데 있어서 꼭 필요한 그 산소지요. 식물 광합성을 통해 포도당과 산소가 만들어지는 것을 알 수 있습니다.

탄소의 순환

식물은 광합성을 통해 에너지를 만들어 냅니다. 식물처럼 광합성을 통해서 스스로 양분을 만들어 내지 못하는 생물은 어떻게 살아갈까요? 탄소의 순환 과정을 들여다보면 그 궁금증을 풀 수 있습니다.

에너지의 이동

식물은 광합성으로 포도당과 산소를 만들고 남은 양분은 저장합니다. 포도당은 혼자서 존재하기도 하지만 다른 포도당과 줄줄이 연결되어 녹말과 같은 커다란 탄소 화합물을 만들기도 하지요.

광합성을 통해서 스스로 양분을 만들어 내지 못하는 생물들은 다른 생물이 만들어 낸 에너지를 이용하여 살아갑니다. 초식 동물은 식물을 먹고, 육식 동물은 다른 동물을 잡아먹어서 에너지를 얻지요. 사람도 음식을 먹음으로써 에너지를 얻습니다. 곰팡이와 세균은 다른 생물이 만든 노폐물이나 사체를 분해하는 과정에서 에너지를 얻습니다. 만약 식물이 광합성을 멈춘다면 식물뿐 아니라 지구상의 생물들이 함께 죽고 말 것입니다.

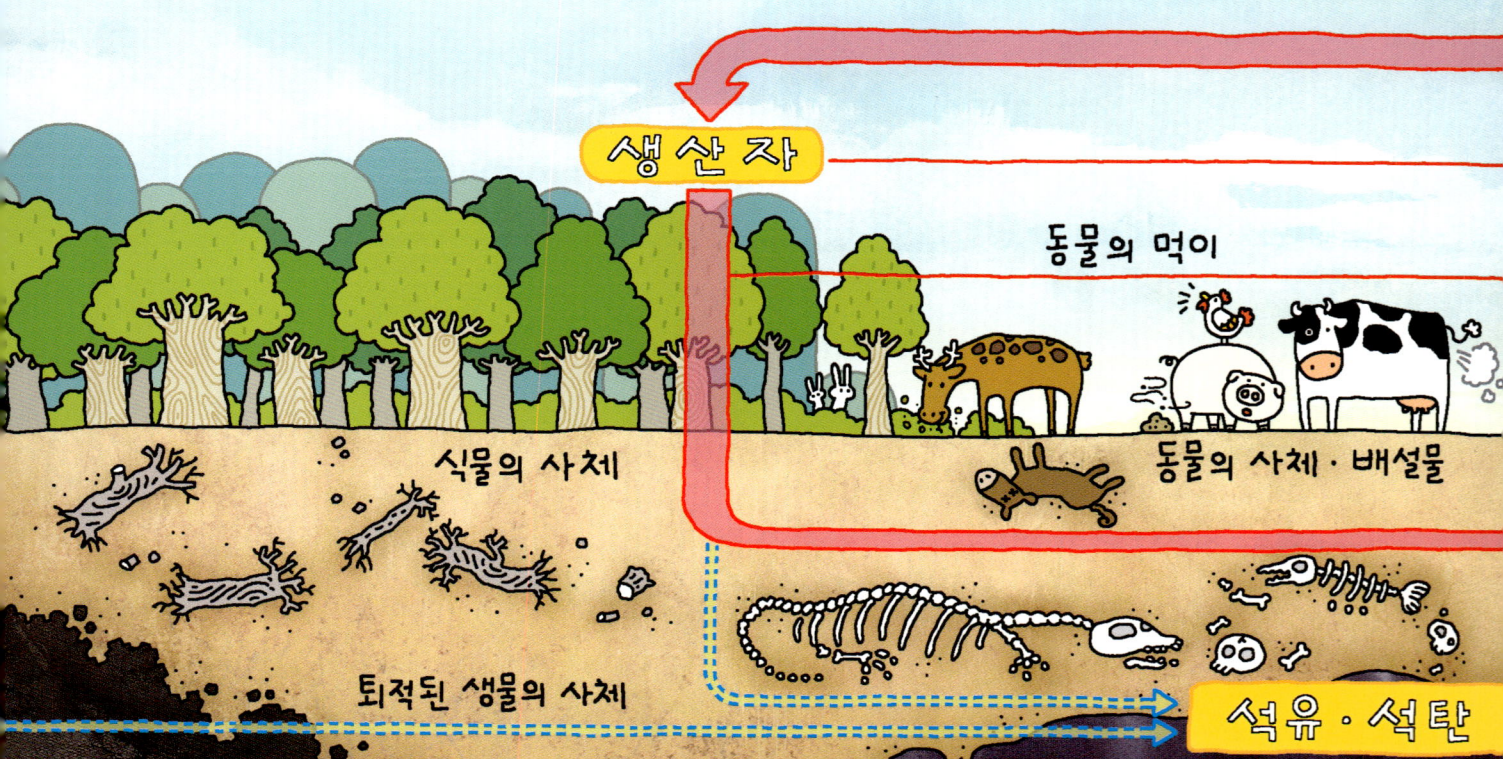

돌고 도는 탄소

광합성을 통해 이산화 탄소가 포도당과 산소로 바뀐다면, 언젠가 공기 중의 이산화 탄소가 전부 사라지는 것은 아닐까요? 하지만 이런 일은 일어나지 않습니다. 왜냐하면 탄소 화합물이 분해될 때 이산화 탄소를 배출하기 때문입니다.

예를 들어 볼까요? 소는 풀이나 사료를 먹고, 그 속에 저장된 탄소 화합물을 섭취합니다. 이 탄소 화합물은 에너지를 얻기 위해서 다시 분해됩니다. 이때 탄소 화합물에 포함되었던 탄소는 이산화 탄소의 형태로 공기 중으로 빠져나오게 됩니다.

사람을 포함해서 모든 생물은 필요한 에너지를 얻기 위해서 탄소 화합물을 분해하고 그 결과 이산화 탄소를 공기 중으로 내보냅니다. 큰 탄소 화합물은 최종적으로 작은 탄소 화합물인 이산화 탄소로 바뀌기 때문이지요. 결국 공기 중의 이산화 탄소는 광합성을 통해서 식물의 몸으로 들어왔다가, 여러 생물이 살아가는 데 필요한 에너지원으로 쓰이고 다시 공기 중으로 돌아갑니다.

이렇게 탄소가 다양한 형태로 변화하면서 지구 곳곳을 돌고 도는 것을 '탄소 순환'이라고 합니다.

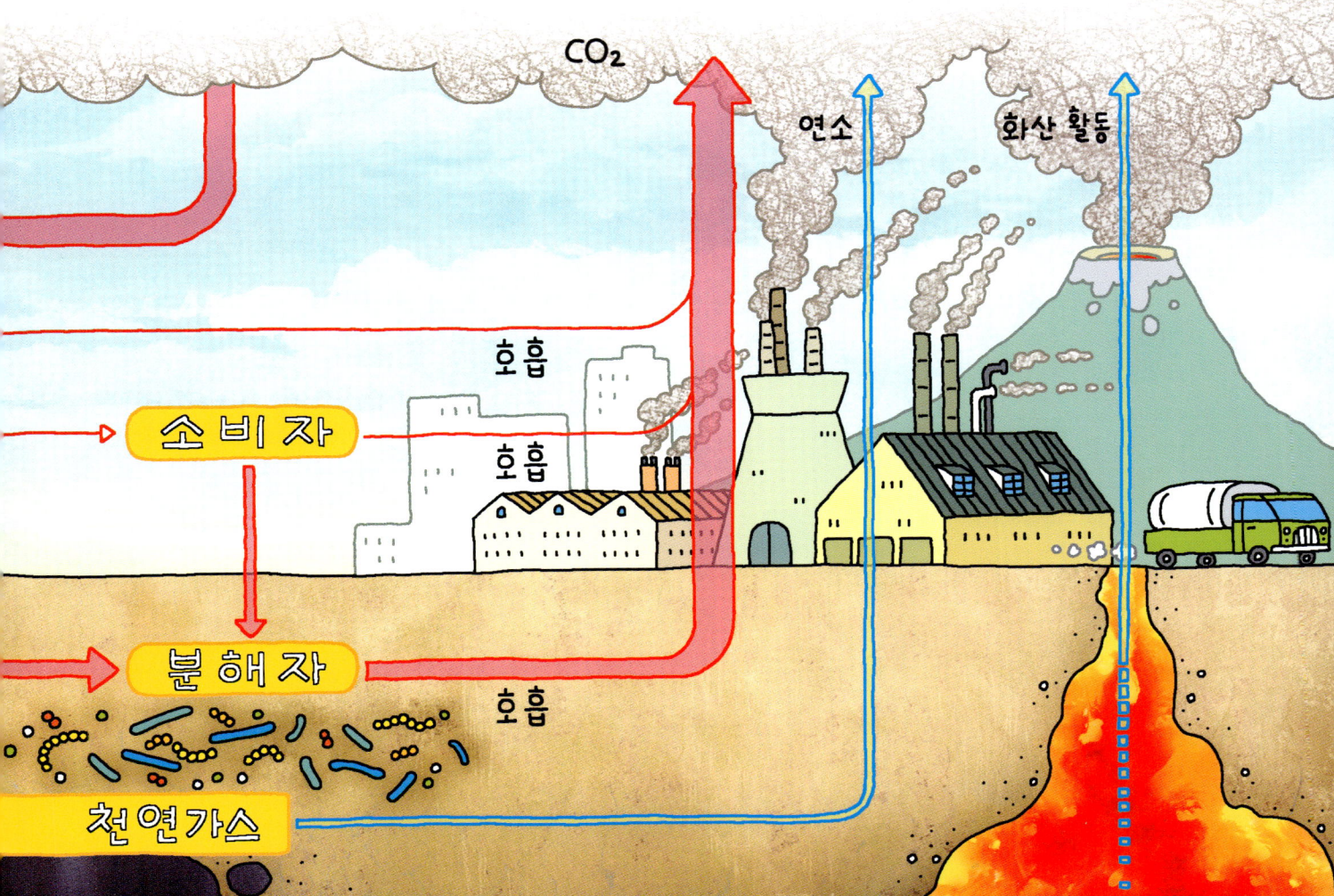

5. 돌고 도는 탄소

🔷 태양의 힘은?
지구상의 모든 생물은 태양 에너지에 의존해 살아간다.

🔷 광합성이란?
식물이 빛 에너지를 이용하여 이산화 탄소와 물을 포도당과 산소로 만들어 내는 것을 말한다.

$$\text{이산화 탄소} + \text{물} \rightarrow \text{포도당} + \text{산소}$$
$$6CO_2 + 6H_2O \rightarrow C_6H_{12}O_6 + 6O_2$$

🔷 에너지는 어떻게 이동할까?
광합성을 하지 못하는 생물들은 다른 생물이 만들어 낸 에너지를 이용해 살아간다. 초식 동물이 식물을 먹고, 육식 동물이 다른 동물을 잡아먹으면서 에너지를 얻는 것이다. 곰팡이나 세균은 다른 생물이 만든 노폐물이나 사체를 분해해 에너지를 얻는다.

🔷 탄소가 돌고 돈다고?
탄소가 다양한 형태로 변화하면서 지구 곳곳을 돌고 도는 것을 탄소 순환이라고 한다.

6장

늘어나는 탄소,
더워지는 지구

지구 온난화 현상이 점점 심해지고 있습니다.
지구 온난화는 왜 일어나는 것일까요?

늘어나는 탄소

지구의 이산화 탄소 농도가 일정하게 유지되고 있는 이유는 탄소 순환 덕분입니다. 그런데 요즘 들어 탄소와 관련된 뉴스가 많아졌습니다. 많은 사람들이 이산화 탄소가 증가하여 지구 온도를 점점 높이고 있다고 걱정합니다. 왜 이런 일이 생겨난 것인지 알아봅시다.

탄소가 저장되어 있는 화석 연료

탄소는 끊임없이 형태를 바꾸며 생물 사이를 오갑니다. 또 많은 양의 탄소 화합물이 한곳에 몰려서 저장되어 있기도 합니다. 그 예가 바로 석탄과 석유 같은 화석 연료입니다. 동식물의 사체가 깊은 땅속에 묻혀 화석처럼 변했다고 해서 화석 연료라고 부르지요.

화석 연료

땅속에 잠자는 탄소

　오늘날 이용되는 석탄이나 석유 등의 화석 연료는 아주 먼 옛날에 만들어진 것입니다. 화산 활동이나 지진 활동 같은 지각 변동으로 인해, 땅속에 파묻힌 동식물의 사체가 오랜 시간 동안 높은 열과 압력을 받아서 굳은 것이지요.

　화석 연료는 엄청나게 많은 양의 탄소를 갖고 있지만, 땅속에서 잠자고 있는 동안은 이산화 탄소를 만들어 내지 않습니다. 즉, 땅속에 갇힌 석탄과 석유는 인간이 채취하기 전에는 탄소 순환에 참여하지 않지요.

바다는 탄소의 또 다른 저장고

　탄소를 저장하고 있는 것이 또 있습니다. 바로 지구 표면의 70% 정도를 덮고 있는 바다지요. 바다는 대기와 바로 맞닿아 있기 때문에, 공기 중의 이산화 탄소들이 바닷물 속에 많이 녹아듭니다. 바닷속 이산화 탄소는 해양 생물의 광합성에 이용되기도 합니다. 하지만 많은 양의 이산화 탄소는 생물의 배설물이나 껍질 등의 형태로 깊은 바다에 가라앉아 쌓이게 되지요. 깊은 바다에는 마치 탄소의 무덤처럼 많은 양의 탄소가 저장되어 있습니다.

늘어나는 이산화 탄소

석탄과 석유를 태우면 여기에 저장되어 있던 탄소가 이산화 탄소로 바뀌어 공기 중으로 나옵니다. 오늘날 석탄과 석유 같은 화석 연료 사용이 계속 늘어나면서, 이때 공기 중으로 방출되는 이산화 탄소도 같이 증가하고 있지요.

그에 반해 이산화 탄소를 흡수해 주는 숲과 나무는 집, 공장, 도로 등이 생겨나면서 계속 줄어드는 추세입니다. 이산화 탄소를 발생시키는 화석 연료의 사용량은 늘어 가고, 이산화 탄소를 감소시키는 숲은 줄어들고 있지요. 탄소 순환을 통해서 일정하게 유지되던 이산화 탄소 양이 급격히 늘어나기 시작한 것입니다.

온실 효과는?

대기 중에 이산화 탄소가 늘어나면 무슨 일이 벌어질까요? 달과 지구를 비교해 알아볼까요? 달에는 표면을 감싸고 있는 대기가 없습니다. 그래서 달은 태양이 이글거리는 낮에는 온도가 120℃ 이상으로 높아지고, 밤이 되면 영하 170℃ 아래로 내려갑니다. 하지만 지구는 낮과 밤의 온도 차이가 심하지 않습니다. 지구에는 달과 달리 대기가 있기 때문입니다.

또한 지구는 태양으로부터 에너지를 흡수하지만 다시 내보내기도 하는데, 그 양이 같기 때문에 지구의 연평균 기온이 일정하게 유지됩니다. 만일 지구에 대기가 하나도 존재하지 않으면 지구의 평균 온도는 영하 20℃ 정도까지 떨어지게 될 것이라고 합니다. 그런데 현재 지구의 평균 기온은 약 15℃입니다. 대기가 없을 때와 35℃ 가까이 차이 나는 이유는 지구가 내보내는 에너지의 일부가 대기에 갇히기 때문입니다. 이러한 현상을 '온실 효과'라고 합니다.

꼼꼼 과학 온실 효과 깊이 알기

태양으로부터 전해진 에너지는 지구 표면에 흡수됩니다. 지구는 에너지를 계속 받기만 하는 것이 아니라 받은 만큼 우주로 내보내기도 합니다. 적외선 형태라 우리 눈에는 보이지 않지요.

이때 흡수하는 에너지의 양과 내보내는 에너지의 양이 같기 때문에 지구는 일정한 온도를 유지할 수 있습니다. 그런데 지구를 감싸고 있는 대기는 우주로 빠져나가는 에너지 일부를 붙잡아 둡니다. 대기가 온실의 유리 같은 기능을 하기 때문에 이러한 현상을 온실 효과라고 부릅니다.

지구가 더워진다고?

앞에서 본 것처럼 대기 중의 이산화 탄소량이 증가해 현재 지구의 평균 온도는 1900년도에 비해서 1℃ 정도 높아졌습니다. 겨우 1℃라고 생각되겠지만, 지구 역사에 비춰 보면 온도가 높아지고 있는 속도가 매우 빠릅니다.

온실 효과는 아주 오래전부터 있었던 현상으로, 지구에 생명체가 살아갈 수 있게 된 비결이기도 합니다. 즉 온실 효과가 나쁜 것만은 아니라는 것입니다. 그런데 지구의 대기를 이루는 기체들이 바뀌고 특히 이산화 탄소의 양이 늘어나면서 대기 중에 붙잡혀 있는 에너지의 양 자체가 증가하게 되었습니다. 그 결과 지구의 평균 온도가 높아지게 되었지요. 이렇게 지구의 기온이 지속적으로 높아지는 현상을 '지구 온난화'라고 합니다.

지구의 온도가 높아지면?

이산화 탄소가 지구의 온도를 점점 높이고 있습니다. 지구 온난화 때문에 생기는 일들에 대해 알아봅시다.

지구 온난화, 재앙의 시작?

지구의 온도가 높아지면 어떤 일이 생길까요? 바닷물에는 이산화 탄소가 많이 녹아 있습니다. 그런데 바닷물의 온도가 높아지면 녹아 있는 이산화 탄소가 공기 중으로 빠져나갑니다. 탄산음료를 예로 설명하겠습니다. 차가운 탄산음료는 이산화 탄소가 많이 녹아 있어 톡 쏘지만, 미지근한 탄산음료는 탄산이 줄어 톡 쏘는 맛이 없어집니다. 이산화 탄소 같은 기체는 높은 온도에서 움직임이 더 활발해져 물에 녹는 양이 적어지기 때문입니다. 이처럼 지구의 온도가 높아지면 바닷물에 녹아 있던 이산화 탄소가 더 많이 빠져나가고 공기 중의 이산화 탄소의 양은 더 많아지게 됩니다.

남극과 북극이 녹고 있다

지구의 온도가 높아질 때 생기는 일 중에서 사람들이 가장 걱정하는 것은 남극과 북극의 얼음이 녹는 일입니다. 남극과 북극 주변 얼음이 녹기 시작하면 바닷물의 양이 늘어나서 수면이 높아지게 됩니다. 지구의 온도가 약 2℃ 높아지면 바닷물의 높이가 4m 정도 높아진다고 합니다. 그러면 섬이나 고도가 낮은 땅은 물에 잠길 수 있습니다.

벌써 이러한 재앙이 시작된 곳도 많습니다. 남태평양의 아름다운 산호섬인 '투발루'는 지구 온난화로 인해 해수면이 약 50cm 정도 상승해 서서히 바다 밑으로 잠기기 시작했습니다. 결국 투발루 사람들은 2001년 국토를 포기하고 섬을 떠나야 했지요.

이상 기후 현상

또 짧은 시간 동안 지구의 온도가 상승하면서 예측하지 못한 기후 변화가 생겼습니다. 어떤 곳은 비가 내리지 않고 가뭄이 지속되어 사막으로 변했습니다. 또 어떤 곳은 전에 없던 폭우, 폭설, 태풍의 피해를 입었습니다. 높은 온도의 대기가 강한 에너지를 얻어 평소와 다른 비바람과 눈 등을 만들어 낸 것입니다. 이런 기상 이변으로 자연재해가 늘어나 생명을 잃고, 도시가 파괴되고, 식량 생산량이 크게 줄어드는 등의 피해를 입고 있습니다.

생태계 변화

기온이 달라지면 생태계도 변화하게 됩니다. 사막이 증가하고 숲은 더 빠른 속도로 사라지고 온대 지방은 열대 지방으로 바뀌게 됩니다. 이 과정에서 많은 생물들이 사라지거나 멸종하게 되지요. 생물을 둘러싼 환경이 급격하게 변하면 여기에 적응하지 못하는 많은 생물들이 한꺼번에 죽는 일이 벌어집니다. 지구의 역사에서 인간이 등장한 뒤 생물의 멸종 속도가 1,000배 가까이 빨라졌다고 합니다. 과학자들은 공룡 등 75%의 생물이 동시에 멸종한 6,500만 년 전의 대멸종이 오늘날에도 일어날 수 있다고 경고하고 있습니다.

 정리 콕콕

6. 늘어나는 탄소, 더워지는 지구

● 화석 연료란?
땅속에 파묻힌 동식물의 사체가 화석처럼 굳은 연료를 말한다. 석유, 석탄, 천연가스 등이 있다.

● 화석 연료는 탄소 순환에 참여하지 않는다고?
화석 연료는 엄청나게 많은 양의 탄소를 가지고 있지만, 땅속에서 잠자고 있는 동안은 탄소 순환에 참여하지 않는다.

● 또 다른 탄소의 저장고는?
바다에는 많은 양의 이산화 탄소가 녹아 있다. 이산화 탄소는 해양 생물의 광합성에 이용되기도 하지만, 대부분은 깊은 바닷속에 가라앉는다. 깊은 바다에는 많은 양의 탄소가 저장되어 있다.

● 대기 중에 탄소가 늘어나면?
지구의 대기는 온실의 유리와 같은 역할을 한다. 이로 인해 지구는 연평균 기온을 일정하게 유지한다. 하지만 대기 중에 이산화 탄소 양이 늘어나면서, 지구 평균 기온이 점점 높아지고 있다. 이렇게 지구의 기온이 지속적으로 높아지는 현상을 지구 온난화라고 한다.

● 지구 기온이 높아지면?
지구 기온이 오르면서 빙하가 녹아 해수면이 높아졌으며, 가라앉는 섬들도 생겼다. 또 짧은 시간 동안 지구 온도가 상승하면서 예측하지 못한 기후 변화가 닥치고 있다. 기온이 달라지면 생태계도 변하게 된다.

7장

탄소가 바꾸는 세상

탄소 때문에 지구 온난화가 일어난다고 하지만
탄소는 지구에서 없으면 안 될 존재입니다.
탄소는 앞으로 세상을 어떻게 바꾸어 갈까요?

지구 온난화와 탄소

지구 온난화를 막는 것은 개인의 힘만으로 벅차기 때문에 세계 각국이 힘을 모으기 시작했습니다. 탄소를 배출할 권리를 사고파는 시장도 생겨났지요. 탄소에 사람들의 시선이 집중되고 있습니다.

지구 온난화를 막기 위한 노력

1992년 6월, 브라질의 리우데자네이루에서 기후 변화 협약이 체결됐습니다. 세계 여러 나라가 온실 효과를 일으키는 온실가스 배출을 줄이고 지구 온난화를 막기 위해 노력하기로 약속한 것입니다.

그 뒤 1997년 12월, 일본 교토에서 체결된 교토 의정서에 의해 기후 변화 협약이 구체화되었습니다. 이산화 탄소를 비롯한 여섯 가지 온실가스의 배출량을 정해진 기간까지 줄이기로 약속한 것입니다.

우리나라와 교토 의정서

교토 의정서는 2005년에 발효되었으며 회원국 가운데 선진국으로 분류된 37개 국가는 정해진 기간까지 온실 가스 배출량을 줄이기로 했습니다. 우리나라는 2002년 11월에 교토 의정서에 서명하였으나 개발 도상국으로 분류되어 온실가스 배출을 줄일 의무는 없었습니다. 하지만 2013년 발표에 따르면, 우리나라는 세계에서 7번째로 온실가스를 많이 배출하는 나라입니다. 사실상 우리나라도 온실가스 배출을 줄여야 할 나라 중 하나가 된 것이지요.

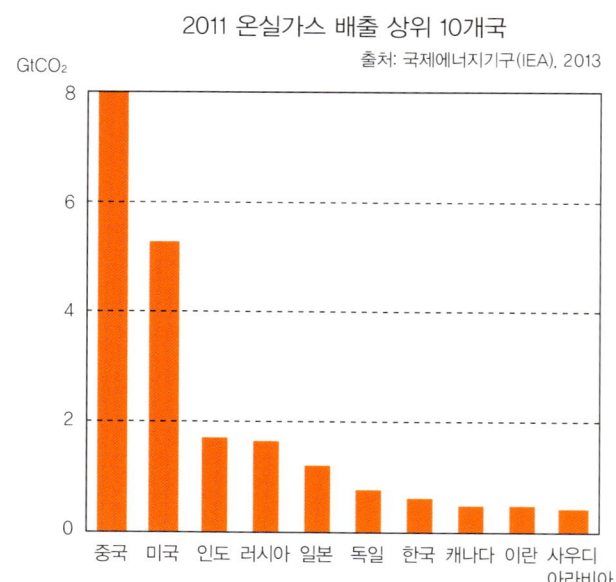

탄소를 사고판다고?

만약 온실가스 배출량을 줄이지 못하면 어떤 일이 발생할까요? 교토 의정서에 따르면 허용된 것보다 많은 양의 온실가스를 배출했을 시 배출권을 구입해야 합니다. 반대로 정해진 양보다 이산화탄소를 덜 배출하면 줄인 양만큼의 배출권을 발행할 수 있고, 배출권이 필요한 기업이나 국가에 이를 팔 수 있습니다.

또 숲을 조성하거나 온실가스를 줄일 수 있는 기술을 개발하게 되면 이에 해당하는 배출권을 받을 수 있습니다. 예를 들어 석탄이나 석유를 쓰는 화력 발전소를 친환경 발전소로 바꾸면 그만큼의 배출권을 얻을 수 있는 것입니다.

문제점도 있어

하지만 배출권 거래 제도가 잘 운영될지는 아직 미지수입니다. 교토 의정서에 강제성이 없어서 약속을 지키지 않아도 법적 제재를 가할 수 없기 때문입니다. 또 미국, 캐나다, 일본 등의 나라들은 교토 의정서를 따르지 않겠다고 선언했지요.

그러면서도 공업 비중이 높은 개발 도상국이 탄소 배출량을 줄여야 한다고 주장합니다. 선진국들은 과거에 아무런 제한 없이 온실가스를 배출하며 산업을 발전시켰습니다. 이를 두고 개발 도상국들은 공평하지 않다고 주장합니다. 대표적인 개발 도상국이며, 탄소 배출량이 가장 많은 나라인 중국이 그 중심에 있지요.

하지만 중국은 2015년 10월에 2030년까지 온실가스 배출량을 줄이겠다고 약속했습니다. 각 나라들이 서로 이익을 좇는 와중에 지구 온난화는 계속 진행되고 있습니다. 지구를 위해서 공동의 노력과 고민이 더욱 필요해지고 있습니다.

세상을 바꿀 탄소

탄소에 대한 각국의 관심은 기후 변화 때문만은 아닙니다. 탄소가 가진 잠재력도 주목받고 있습니다. 탄소는 세상을 어떻게 바꾸어 갈까요?

새로운 동소체의 발견

흑연과 다이아몬드는 대표적인 탄소 동소체입니다. 20세기 이전까지 탄소 동소체는 흑연과 다이아몬드밖에 알려져 있지 않았습니다. 20세기 후반에 들어 나노 과학이 발달하면서 새로운 탄소 동소체를 발견하였습니다.

1nm(나노미터)는 10억분의 1m, 즉 0.000000001m를 말합니다. 일반 현미경으로는 볼 수 없고, 전자 현미경으로만 볼 수 있는 크기입니다. 나노미터 크기의 물질을 만들어 내는 것을 '나노 기술'이라고 합니다. 일반적인 물질이 나노 크기로 작아지면 구조나 성질도 달라집니다. 과학자들은 이를 이용해 놀라운 세계를 만들고 있지요. 그렇다면 나노 크기를 가진 탄소 동소체들은 세상을 어떻게 바꾸고 있을까요?

풀러렌

풀러렌(C_{60})은 나노 크기의 탄소 동소체로, 탄소 60개로 이루어진 물질입니다. 풀러렌의 모양은 오각형 12개, 육각형 20개로 이루어진 축구공처럼 생겼지요. 풀러렌은 공 모양의 안정된 구조로 다이아몬드만큼 강하고 높은 열과 압력을 견딜 수 있습니다. 또 빛을 잘 흡수하고 전자를 잘 받는 특성이 있어, 새로운 물질을 만들어 내는 분야에서 큰 기대를 받고 있습니다. 독성이 없어 의학 분야에서 활용도 가능하지요.

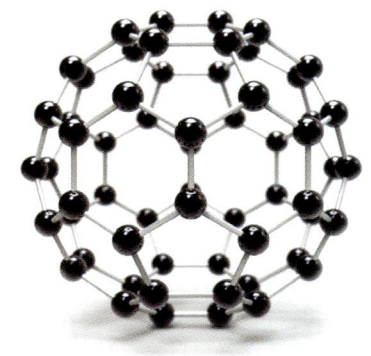

탄소 나노 튜브

탄소 6개로 이루어진 육각형들이 서로 연결되어 관 모양을 이루고 있는 탄소 나노 튜브 역시 나노 크기의 탄소 동소체입니다.

탄소 나노 튜브의 두께는 매우 가늘어요. 탄소 나노 튜브 2억 개를 한 다발로 묶어야 겨우 머리카락 1개 굵기가 될 정도입니다. 그런데 두께는 가늘지만, 길이는 두께의 1만 배 정도로 길게 만들 수 있습니다.

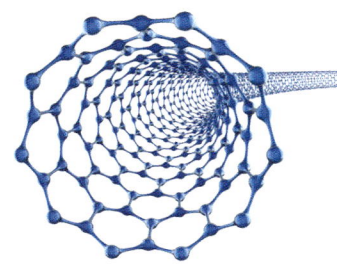

탄소 나노 튜브를 섞은 재료는 금속보다 가볍고 단단한 데다 탄성까지 뛰어나서 테니스 라켓이나 골프채 등에 활용되고 있습니다. 탄소 나노 튜브는 구리만큼 전기가 잘 통하고, 열전도율은 자연계에서 가장 뛰어나다는 다이아몬드와 비슷합니다. 강도는 철강보다 100배나 뛰어나지요.

탄소 나노 튜브는 전기가 잘 통하지만, 다발을 이룰 때는 튜브끼리 서로 작용해 도체가 되기도 하고 반도체가 되기도 합니다. 이러한 성질 때문에 가장 이상적인 반도체 재료로 인정받지요.

꼼꼼 과학 도체? 부도체? 반도체?

연필심 전구 실험을 통해 흑연에 전기가 통하는 것을 알 수 있었습니다. 흑연은 전기나 열이 통하는 물체, 즉 도체입니다. 반면 유리, 고무, 나무처럼 전기나 열이 통하지 않는 물체를 부도체라고 하지요. 반도체는 낮은 온도에서는 전기가 잘 통하지 않지만 높은 온도에서는 전기가 잘 통하는 물질을 말합니다.

탄소 나노 튜브는 반도체 관련 외에도 다양하게 활용될 수 있습니다. 전기를 흘려 주면 LED보다 효율이 100배나 높은 빛을 내는 나노 전구의 개발이 가능합니다. 이 밖에도 탄소 나노 튜브는 전자파를 막을 수 있어서 피뢰침으로 사용할 수 있습니다. 전투기나 군함에 탄소 나노 튜브로 페인트칠을 해서 적의 레이더를 피할 수도 있습니다. 또 탄소 나노 튜브는 나노 크기의 물질을 집어 옮기는 나노 집게로도 활용이 가능합니다.

이 가운데 우리에게 가장 흥미롭게 다가올 응용 분야는 탄소 나노 튜브로 만드는 우주 엘리베이터일 것입니다. 미국 항공 우주국(NASA)은 우주 엘리베이터를 개발하겠다고 발표했지요. 우주 엘리베이터는 우주로 곧게 뻗은 고속 도로와 같습니다. 지구 적도 위 50km 높이의 타워와 지표면에서 36,000km 높이에 위치한 인공위성을 탄소 나노 튜브 케이블로 연결하는 것입니다. 이 연구가 성공하면 우리는 엘리베이터를 타고 우주여행을 하게 될지도 모릅니다.

그래핀

그래핀은 육각형 벌집 모양 탄소들이 한 겹으로 연결된 형태의 아주 얇고 튼튼한 물질입니다. 탄소 원자로만 이루어진 또 하나의 나노 크기 탄소 동소체이지요. 그래핀을 김밥처럼 돌돌 말면 탄소 나노 튜브가 됩니다. 그래핀은 휘거나 비틀어도 부서지지 않기 때문에 얇고 휘어지는 화면을 만들 수 있습니다. 전류가 빠르게 흐르는 성질을 이용해서 리튬 배터리 성능을 향상시킬 수도 있습니다. 나노미터 크기의 구멍이 뚫려 있는 특성을 이용해 바닷물의 염분을 제거할 수 있습니다.

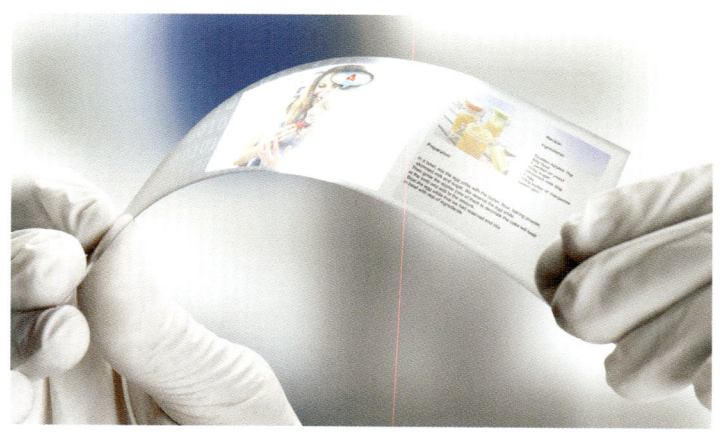

또 그래핀은 빛의 98% 이상을 통과시킬 정도로 투명해 반도체·태양 전지 등의 성능을 크게 높일 수 있는 물질로 기대를 모으고 있습니다.

7. 탄소가 바꾸는 세상

지구 온난화를 막으려면?
지구 온난화의 주된 원인은 온실가스이다. 세계 각국은 온실가스 배출을 줄이기 위해 힘을 모으고 있다.

나노 기술이란?
nm(나노미터) 크기의 물질들을 기초로 하여 우리 생활에 필요한 것을 만드는 기술이다. 1nm는 10억분의 1m를 말한다. 일반적인 물질이 나노 크기로 작아지면 구조나 성질도 바뀐다. 이를 이용해 놀라운 과학 기술이 개발되고 있다.

나노 크기의 탄소 동소체에는 어떤 것이 있을까?
나노 크기를 가진 탄소 동소체들에는 풀러렌, 탄소 나노 튜브, 그래핀 등이 있다.

탄소로 여는 세상

네 개의 팔을 가지고 있는 탄소 원소에서 출발한 탄소 화합물들은 지구에서 생명을 탄생시켰고, 문명을 꽃피우게 했습니다. 산업 혁명 이후 탄소 화합물을 연료로 쓰며 인류 문명이 성장했지만 또 그만큼 많은 문제를 가져오기도 했습니다. 이산화 탄소의 과다한 배출로 지구 기온이 높아진 것이 그중 하나이지요. 그렇지만 탄소는 새롭고 신기한 성질로 우리에게 새로운 가능성을 상상하게 해 주기도 합니다.

탄소는 지구에 생명과 문명이 있게 해 주었고, 지금 이 순간에도 우리 몸속을 들락거리고 있습니다. 지구에 위기를 가져온 것이 탄소가 아니라 사실 우리라는 것을 알게 되었으니, 탄소가 짊어지고 있는 억울한 누명을 조금 벗겨 줄 수 있겠지요? 대신 이산화 탄소를 줄이기 위해서 우리가 할 수 있는 일은 무엇이 있을까 생각해 봅시다.

만약 우리가 이산화 탄소를 적게 배출하는 물건을 산다면 이산화 탄소 배출량을 줄이는 데 조금이라도 도움이 되지 않을까요? 이런 생각으로 만들어진 것이 탄소 발자국입니다. 내가 사용하는 물건이 나에게 올 때까지 발생한 이산화 탄소의 총량을 표시해, 이산화 탄소 발생이 적은 상품을 사도록 하는 것입니다.

예를 들어 아이스크림을 만들 때 우유, 설탕 등의 재료가 필요합니다. 이러한 재료를 얻는 과정에서도 이산화 탄소가 배출되지요. 젖소의 트림과 배설물은 메탄과 같은 온실가스를 발생시킵니다. 사탕수수를 수확해 설탕을

만들 때도 이산화 탄소가 발생하지요. 재료를 자동차에 실어 공장으로 옮길 때도 마찬가지입니다. 공장에서는 기계를 돌려 아이스크림을 만들고, 다시 자동차를 이용해 상점으로 옮깁니다. 상점의 냉장고를 가동시키는 데도 에너지가 사용돼 이산화 탄소가 발생하지요.

 탄소 발자국은 이렇게 상품이 만들어지고 우리가 소비할 때까지 발생한 이산화 탄소의 총량을 의미합니다. 탄소 발자국이 적을수록 지구에 도움이 되는 것이지요. 재활용을 통해 물건을 아껴 쓰고, 에너지를 절약하고, 숲을 보호하는 등의 노력들은 탄소 발자국이 늘어나지 않게 합니다.

 지구를 생각한 디자인으로 만들어진 물건들을 쓰는 것도 한 방법입니다. 'A liter of light'는 빛의 산란 현상을 이용해 만든 페트병 전구입니다. 창의적인 아이디어를 통해서 에너지를 절약하고 이산화 탄소의 발생을 줄일 수 있는 이런 적정 기술에 관심을 갖는 것도 도움이 될 것입니다.

 이제는 지구와 함께 살아가기 위해서 우리가 지구를 돌보아야 할 때입니다. 탄소에 대한 이해를 바탕으로 생명과 문명에 대해 생각하는 시간을 가졌으면 합니다.

찾아보기

ㄱ
광합성 ········· 40쪽 외
교토 의정서 ········· 54쪽 외
균일 혼합물 ········· 8쪽 외
그래핀 ········· 58쪽 외
기후 변화 협약 ········· 54쪽

ㄴ
나노 과학 ········· 56쪽
나노 기술 ········· 56쪽

ㄷ
다이아몬드 ········· 16쪽 외
단백질 ········· 36쪽 외
도체 ········· 57쪽
동소체 ········· 17쪽 외
드라이아이스 ········· 15쪽 외

ㅁ
모스 굳기계 ········· 17쪽

ㅂ
반도체 ········· 57쪽 외
반응 ········· 23쪽 외
백혈구 ········· 33쪽
부도체 ········· 57쪽
불균일 혼합물 ········· 8쪽 외
빅뱅 ········· 10쪽 외

ㅅ
산성 ········· 15쪽
세로토닌 ········· 37쪽
수소 이온 농도 지수(pH) ········· 15쪽
순물질 ········· 8쪽 외

ㅇ
아미노산 ········· 37쪽
양성자 ········· 22쪽 외
양전하 ········· 22쪽 외
염기성 ········· 15쪽
엽록소 ········· 40쪽 외
엽록체 ········· 40쪽
온실가스 ········· 54쪽 외

온실 효과 ………………… 48쪽 외
원소 ……………………… 9쪽 외
원자 ……………………… 8쪽 외
원자핵 …………………… 22쪽 외
유전자 …………………… 35쪽
음전하 …………………… 22쪽 외
이산화 탄소 ……………… 18쪽 외
일산화 탄소 ……………… 18쪽 외

ㅈ

적혈구 …………………… 19쪽 외
전자 ……………………… 22쪽 외
전자의 에너지 자리 ……… 23쪽 외
전하 ……………………… 22쪽 외
주기율표 ………………… 24쪽 외
중성자 …………………… 22쪽 외
지구 온난화 ……………… 49쪽 외
지질 ……………………… 34쪽 외

ㅌ

탄산음료 ………………… 15쪽 외
탄소 ……………………… 9쪽 외
탄소 나노 튜브 …………… 57쪽 외
탄소 순환 ………………… 43쪽 외
탄소 화합물 ……………… 9쪽 외
탄수화물 ………………… 32쪽 외

ㅍ

포도당 …………………… 40쪽 외
풀러렌 …………………… 57쪽 외

ㅎ

핵산 ……………………… 35쪽 외
핵융합 ……………………… 40쪽
헤모글로빈 ……………… 19쪽 외
혼합물 …………………… 8쪽 외
화석 연료 ………………… 46쪽 외
화합물 …………………… 9쪽 외
흑연 ……………………… 14쪽 외

DNA ……………………… 35쪽 외

63

글 정관영

서울대학교에서 화학 및 화학 교육을 전공하고 동 대학원에서 석사 학위를, 미국 퍼듀 대학교에서 이학 박사 학위를 받았다. 고등학교 화학Ⅰ·화학Ⅱ 교과서를 집필했으며, 현재 서울과학고등학교 화학 교사로 재직 중이다.
지은 책으로는 『원리를 찾아라, 생활 속 분자』, 『어린왕자가 사랑한 지구의 낮과 밤』, 『어린왕자가 사랑한 지구의 사계절』, 『어린왕자가 사랑한 지구의 달』 등이 있다.

글 이성작

서울대학교 생명과학부를 졸업했다. 중학교 과학 교과서를 집필했으며, 현재 서울과학고등학교 생명과학 교사로 재직 중이다.

그림 박기종

단국대학교와 홍익대학교 대학원에서 동양화를 전공했다. 아이들의 신나는 책 읽기를 위해 일러스트 작가로 활동하고 있으며, 그린 책으로는 『늦둥이 이른둥이』, 『말 잘 듣는 약』, 『천재를 뛰어넘은 77인의 연습벌레들』, 『수학 대소동』, 『과학 탐정 브라운』, 『북극곰의 내일』 등이 있다.

탄소는 억울해!
탄소에 숨겨진 놀라운 이야기

글 정관영, 이성작 | **그림** 박기종 | **사진** shutterstock
펴낸날 2015년 12월 17일 초판 1쇄, 2018년 6월 21일 초판 3쇄, 2024년 6월 24일 개정판 2쇄
펴낸이 이재성 | **기획·편집** 고성윤 | **디자인** 이원자 | **영업·마케팅** 조광현, 김미랑
펴낸곳 루크하우스 | **주소** 서울시 서초구 사임당로 50 해양빌딩 504호 | **전화** 02)468-5057 | **팩스** 02)468-5051
출판등록 2010년 12월 15일 제2010-59호
www.lukhouse.com cafe.naver.com/lukhouse

ⓒ 정관영, 이성작 2015
저작권자의 동의 없이 무단 복제 및 전재를 금합니다.

ISBN 979-11-5568-488-7 74400
ISBN 979-11-5568-489-4 (세트)

※ 잘못된 책은 구입처에서 바꾸어 드립니다.
※ 값은 뒤표지에 있습니다.

상상의집은 (주)루크하우스의 아동출판 브랜드입니다.